本書係「敦煌文獻系統性保護整理出版工程」項目成果

二〇二一—二〇三五年國家古籍工作規劃重點出版項目

「十四五」國家重點出版物出版規劃項目

國家古籍整理出版專項經費資助項目

中國國家圖書館藏敦煌文獻

中國國家圖書館 編

第四冊

BD00053～BD00062

國家圖書館出版社

DUNHUANG MANUSCRIPTS IN THE NATIONAL LIBRARY OF CHINA

004

BD00053 ~ BD00062

compiled by the

National Library of China

National Library of China Publishing House

顧　問　方廣錩　郝春文　榮新江　李際寧

編纂出版　張志清　魏　崇　陳紅彦　殷夢霞　薩仁高娃
謝冬榮　劉　波　林世田　廖生訓

編　纂　林世田　薩仁高娃　常蓋心　于　瑞　劉毅超
劉　波　劉炳梅　周升川　劉　婷　程佳羽
沈艷麗　高　雅

編　輯　潘　竹　程魯潔　黃　鑫　苗文葉

審　稿　孫　彦　耿素麗　宋志英　鄧咏秋

凡例

一　本書刊布中國國家圖書館藏敦煌文獻，以館藏編號爲序編排。

二　館藏編號采用「BD+流水號」格式，如 BD00001, BD16579 等。背面在編號後加 v 表示。一個編號包含多件文獻者，編號後分别綴以字母 A, B, C 等。一件文獻含有多個内容者，以數字 -1, -2, -3 等標明順序。

三　圖版有縮印或放大處另加説明，尺寸超出本書幅面的以摺葉形式呈現。

四　卷軸裝、梵夾裝、經摺裝等裝幀形制的敦煌文獻，各附外觀圖像。

五　每件文獻依次呈現外觀、正面、背面等。背面僅刊布有文字、圖像或其他要素的圖版，而略去素紙部分，背面圖版同樣以從右到左順序編排。凡有外題者，遵從以上原則。

六　除個别特殊情況外，爲保證閲讀連貫、流暢，圖版儘量通欄呈現。

七　各葉上方附該件文獻全圖，以高亮形式顯示本葉大圖在全卷中的位置。部分長卷文獻全圖衹能分多段呈現時，在上段末以符標示下段接續。卷尾内容不足一葉時，文獻全圖使用該圖卷尾部分，亦以符標示。背面圖版文字與正面文字方向相反時，文獻全圖按原貌顯示，正文翻轉呈現，以便閲讀研究，用符標示。

八　文獻題名大體沿用中國國家圖書館此前所編多部敦煌文獻目録的考證，部分吸收學界最新研究成果略作調整和完善。文獻題名綜合參考原卷首題、尾題、外題確定，如原卷題名與該文獻正式名稱不同，則采用正式名稱；無題名者，或比定題名，或擬定新名。非漢文文獻在題名前標注語種。有分卷不同等其他情況者，括注於文獻名稱後。

九　本書著録使用通行繁體字，涉及原文中的人名、地名等，必要時保留原字形。

About this publication

1. The documents are presented in shelfmark order.
2. The shelfmarks are in the form BD plus a running number, eg. BD00001, BD16579, &c. If a given shelfmark contains multiple documents, these are distinguished by the letters A, B, C, &c. If a document has multiple contents, they are distinguished by the numbering 1, 2, 3, &c. The verso side of an item is indicated by the letter v.
3. If it has been necessary to reduce or enlarge the size of an illustration, the dimensions are indicated. If the size of an illustration exceeds the size of the book, a folding sheet is used.
4. If the document is a scroll, a folded sutra, or has a stitched binding, a picture of the whole object is provided to show its external appearance.
5. The cover, front, and back of each document are reproduced in sequence. The back of a document is only reproduced if it contains text, illustrations, or other markings, and it is oriented from right to left. If it is blank it is not reproduced.
6. Except in a few special cases, the lines of text are reproduced unbroken to make them coherent and easier to read.
7. An illustration of the complete document is reproduced at the top of each page, and the section where the main illustration appears is highlighted in order to indicate its position. If it has only been possible to reproduce a long scroll in sections, the direction symbol has been used to indicate where one illustration ends and the next one begins. If the end of the scroll occupies less than one page, the direction symbol is used to indicate its position in the illustration of the complete document. If the text on the back of the document has a different orientation from the text on the front, it is reproduced as it is, but is also rotated (indicated with the rotation symbol) so that it can be read easily.
8. The titles of the documents generally conform with those already established by the Library, but in some cases have been amended by drawing on the most recent scholarly research. The titles are derived firstly from the beginning of the text, then from the end of the text, and lastly from the cover. If the title of a document differs from its authoritative form, the authoritative form is used; and if a document has no title, one is either supplied by comparison with similar documents, or a new one is devised. If the document is not in Chinese, its language is indicated before the title. If the number of juan is different from that of the authoritative version, or if there are other irregularities, this is noted.
9. The documents in the book are in traditional Chinese characters. Where the title contains personal or place names, the original characters used for these names are retained.

(Translated by David Helliwell)

第四册目録

BD00053　妙法蓮華經卷二

（後秦）鳩摩羅什　譯

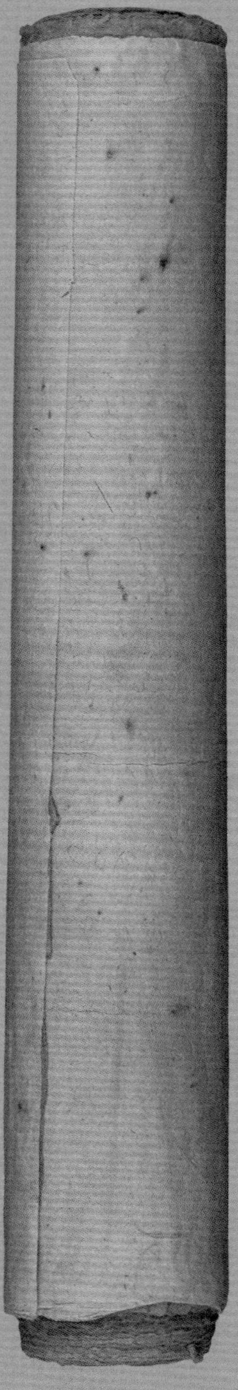

827.8cm × 26cm

爲四衆說其因緣令
弗我先不言諸佛
辭方便說法皆爲
是諸所說皆爲化菩
以譬喻更明此義
利弗若國邑聚落有
无量多有田宅及諸僮僕其家廣大唯有一
門多諸人衆一百二百乃至五百人止住其
中堂閣朽故墻壁頹落柱根腐敗梁棟傾危
周匝俱時欻然火起焚燒舍宅長者諸子若
十廿或至卅在此宅中長者見是大火從四
面起即大驚怖而作是念我雖能於此所燒
之門安隱得出而諸子等於火宅內樂著嬉
戲不覺不知不驚不怖火來逼身苦痛切己
心不厭患无求出意舍利弗是長者作是思

惟我身手有力當以衣裓若以机案從舍出
之復更思惟是舍惟有一門而復狹小諸子
幼稚未有所識戀著戲處或當墮落為火所
燒我當為說怖畏之事此舍已燒宜時疾出
无令為火之所燒害作是念已如所思惟具
告諸子汝等速出父雖憐愍善言誘喻而諸
子等樂著嬉戲不肯信受不驚不畏了无出
心亦復不知何者是火何者是舍云何為失
但東西走戲視父而已尒時長者即作是念
此舍已為大火所燒我及諸子若不出時必
為火所燒我今當設方便令諸子等得免斯
害父知諸子先心各有所好種種珍玩奇異
之物情必樂著而告之言汝等所可玩好希
有難得汝若不取後必憂悔如此種種羊車
鹿車大牛之車今在門外可以遊戲汝等於

有難得汝若不取後必憂悔如此種種羊車
鹿車大牛之車今在門外可以遊戲汝等於
此火宅宜速出來隨汝所欲皆當與汝尒時
諸子聞父所說珎玩之物適其願故心各勇
鋭互相推排競共馳走爭出火宅是時長者
見諸子等安隱得出皆於四衢道中露地而
坐无復鄣㝵其心泰然歡喜踊躍時諸子等
各白父言父先所許玩好之具羊車鹿車牛車
願時賜與舍利弗尒時長者各賜諸子等一
大車其車高廣衆寶莊校周迊欄楯四面懸
鈴又於其上張設幰蓋亦以珎奇雜寶而嚴
飾之寶繩絞絡垂諸華瓔重敷綩綖安置丹
枕駕以白牛膚色充潔形體姝好有大筋力
行步平正其疾如風又多僕從而侍衛之所
以者何是長者財富无量種種諸藏悉皆充

溢而作是念我財物无極不應以下劣小車
與諸子等今此幼童皆是吾子愛无偏黨我
有如此七寶大車其數无量應當等心各各
與之不宜差別所以者何以我此物周給一
國猶尚不匱何况諸子是時諸子各乘大車
得未曾有非本所望舍利弗於汝意云何是
長者等與諸子珎寶大車寧有虛妄不舍利
弗言不也世尊是長者但令諸子得免火難
全其軀命非為虛妄何以故若全身命便為
已得玩好之具况復方便於彼火宅而拔濟
之世尊若是長者乃至不與最小一車猶不
虛妄何以故是長者先作是意我以方便令
子得出以是因緣无虛妄也何况長者自知
財富无量欲饒益諸子等与大車佛告舍利
弗善哉善哉如汝所言舍利弗如來亦復如

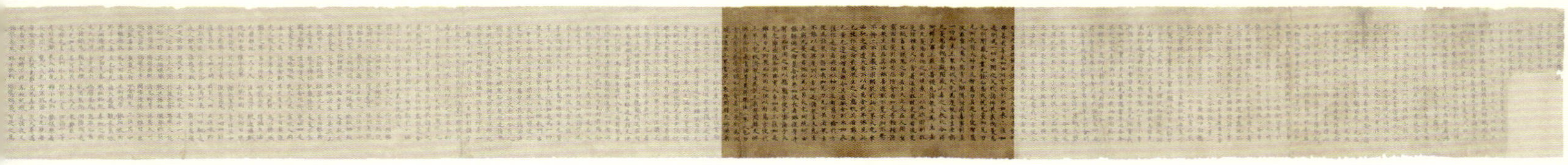

財富无量欲饒益諸子等與大車佛告舍利
弗善哉善哉如汝所言舍利弗如来亦復如
是則為一切世間之父於諸怖畏衰惱憂患
无明闇蔽永盡无餘而悉成就无量知見力
无所畏有大神力及智慧力具足方便智慧
波羅蜜大慈大悲常无懈惓恒求善事利益
一切而生三界朽故火宅為度衆生生老病
死憂悲苦惱愚癡闇蔽三毒之火教化令得
阿耨多羅三藐三菩提見諸衆生為生老
病死憂悲苦惱之所燒煮亦以五欲財利故
受種種苦又以貪著追求故現受衆苦後受
地獄畜生餓鬼之苦若生天上及在人間貧
窮困苦愛別離苦怨憎會苦如是等種種諸
苦衆生沒在其中歡喜遊戲不覺不知不驚
不怖亦不生厭不求解脫於此三界火宅東

西馳走雖遭大苦不以為患舍利弗佛見此
已便作是念我為衆生之父應拔其苦難與
无量无邊佛智慧樂令其遊戲舍利弗如来
復作是念若我但以神力及智慧力捨於方
便為諸衆生讚如来知見力无所畏者衆生
不能以是得度所以者何是諸衆生未免生
老病死憂悲苦惱而為三界火宅所燒何由
能解佛之智慧舍利弗如彼長者雖復身手
有力而不用之但以慇懃方便免濟諸子火
宅之難然後各與珍寶大車如来亦復如是
雖有力无所畏而不用之但以智慧方便於
三界火宅拔濟衆生為說三乘聲聞辟支佛
佛乘而作是言汝等莫得樂住三界火宅勿
貪麤弊色聲香味觸也若貪著生愛則為所
燒汝速出三界當得三乘聲聞辟支佛佛乘

焼汝速出三界當得三乘聲聞辟支佛佛乘
我今為汝保任此事終不虛也汝等但當懃
脩精進如來以是方便誘進衆生復作是言
汝等當知此三乘法皆是聖所稱歎自在无
繫无所依求乘是三乘以无漏根力覺道禪
定解脫三昧等而自娛樂便得无量安隱快
樂舍利弗若有衆生內有智性從佛世尊聞
法信受慇懃精進欲速出三界自求涅槃是
名聲聞乘如彼諸子為求羊車出於火宅若
有衆生從佛世尊聞法信受慇懃精進求自
然慧樂獨善寂深知諸法因緣是名辟支佛
乘如彼諸子為求鹿車出於火宅若有衆生
從佛世尊聞法信受懃脩精進求一切智佛
智自然智无師智如來知見力无所畏愍念
安樂无量衆生利益天人度脫一切是名大

乘菩薩求此乘故名為摩訶薩如彼諸子為
求牛車出於火宅舍利弗如彼長者見諸子
等安隱得出火宅到无畏處自惟財富无量
等以大車而賜諸子如來亦復如是為一切
衆生之父若見无量億千衆生以佛教門出
三界苦怖畏險道得涅槃樂如來尒時便作
是念我有无量无邊智慧力无畏等諸佛法
藏是諸衆生皆是我子等與大乘不令有人
獨得滅度皆以如來滅度而滅度之是諸衆
生脫三界者悉與諸佛禪定解脫等娛樂之
具皆是一相一種聖所稱歎能生淨妙第一
之樂舍利弗如彼長者初以三車誘引諸子
然後但與大車寶物莊嚴安隱第一然彼長
者无虛妄之咎如來亦復如是无有虛妄初
說三乘引導衆生然後但以大乘而度脫之

者无虛妄之咎如来亦復如是无有虛妄初
說三乘引導衆生然後但以大乘而度脫之
何以故如来有无量智慧力无所畏諸法之
藏能與一切衆生大乘之法但不盡能受舍
利弗以是因緣當知諸佛方便力故於一佛
乘分別說三佛欲重宣此義而說偈言
譬如長者 有一大宅 其宅久故 而復頓弊
堂舍高危 柱根摧朽 梁棟傾斜 基陛隤毀
墻壁圮坼 泥塗褫落 覆苫亂墜 椽梠差脫
周鄣屈曲 雜穢充遍 有五百人 止住其中
鵄梟鵰鷲 烏鵲鳩鴿 蚖蛇蝮蝎 蜈蚣蚰蜒
守宮百足 狖狸鼷鼠 諸惡蟲輩 交橫馳走
屎尿臭處 不淨流溢 蜣蜋諸蟲 而集其上
狐狼野干 咀嚼踐蹋 嚌齧死屍 骨肉狼藉
由是群狗 競來搏撮 飢羸慞惶 處處求食

鬪諍𪘏掣　嘊喍嗥吠　其舍恐怖　變狀如是
處處皆有　魑魅魍魎　夜叉惡鬼　食噉人肉
毒虫之屬　諸惡禽獸　孚乳產生　各自藏護
夜叉競來　爭取食之　食之既飽　惡心轉熾
鬪諍之聲　甚可怖畏　鳩槃荼鬼　蹲踞土埵
或時離地　一尺二尺　往返遊行　縱逸嬉戲
捉狗兩足　撲令失聲　以脚加頸　怖狗自樂
復有諸鬼　其身長大　裸形黑瘦　常住其中
發大惡聲　叫呼求食　復有諸鬼　其咽如針
復有諸鬼　首如牛頭　或食人肉　或復噉狗
頭髮蓬亂　殘害兇險　飢渴所逼　叫呼馳走
夜叉餓鬼　諸惡鳥獸　飢急四向　窺看窻牖
如是諸難　恐畏无量　是朽故宅　屬于一人
其人近出　未久之間　於後宅舍　忽然火起
四面一時　其焰俱熾　棟梁椽柱　爆聲震裂

其人近出　未久之間　於後宅舍　忽然火起
四面一時　其焰俱熾　棟梁椽柱　爆聲振裂
摧折墮落　墻壁崩倒　諸鬼神等　揚聲大叫
鵰鷲諸鳥　鳩槃荼等　周慞惶怖　不能自出
惡獸毒虫　藏竄孔穴　毗舍闍鬼　亦住其中
薄福德故　為火所逼　共相殘害　飲血噉肉
野干之屬　並已前死　諸大惡獸　競來食噉
臭烟熢㶿　四面充塞　蜈蚣蚰蜒　毒虵之類
為火所燒　爭走出穴　鳩槃荼鬼　隨取而食
又諸餓鬼　頭上火燃　飢渴熱惱　周慞悶走
其宅如是　甚可怖畏　毒害火灾　衆難非一
是時宅主　在門外立　聞有人言　汝諸子等
先因遊戲　來入此宅　稚小无知　歡娛樂著
長者聞已　驚入火宅　方宜救濟　令无燒害
告喻諸子　說衆患難　惡鬼毒虫　灾火蔓莚

衆苦次苐 相續不絕 毒虵蚖蝮 及諸夜叉
鳩槃荼鬼 野干狐狗 鵰鷲鵄梟 百足之屬
飢渴惱急 甚可怖畏 此苦難處 况復大火
諸子无知 雖聞父誨 猶故樂著 嬉戲不已
是時長者 而作是念 諸子如此 益我愁惱
今此舍宅 无一可樂 而諸子等 耽湎嬉戲
不受我教 將為火害 即便思惟 設諸方便
告諸子等 我有種種 珍玩之具 妙寶好車
羊車鹿車 大牛之車 今在門外 汝等出來
吾為汝等 造作此車 隨意所樂 可以遊戲
諸子聞說 如此諸車 即時奔競 馳走而出
到於空地 離諸苦難 長者見子 得出火宅
住於四衢 坐師子座 而自慶言 我今快樂
此諸子等 生育甚難 愚小无知 而入險宅
多諸毒虫 魑魅可畏 大火猛焰 四面俱起

此諸子等　生育甚難　愚小无知　而入險宅
多諸毒虫　魑魅可畏　大火猛焰　四面俱起
而此諸子　貪樂嬉戲　我已救之　令得脫難
是故諸人　我今快樂
尒時諸子　知父安坐　皆詣父所　而白父言
願賜我等　三種寶車　如前所許　諸子出來
當以三車　隨汝所欲　今正是時　唯垂給與
長者大富　庫藏衆多　金銀瑠璃　車𤦲馬瑙
以衆寶物　造諸大車　莊校嚴飾　周帀欄楯
四面懸鈴　金繩絞絡　真珠羅網　張施其上
金華諸瓔　處處垂下　衆綵雜飾　周帀圍繞
柔軟繒纊　以為裀褥　上妙細疊　價直千億
鮮白淨潔　以覆其上　有大白牛　肥壯多力
形體姝好　以駕寶車　多諸儐從　而侍衛之
以是妙車　等賜諸子　諸子是時　歡喜踊躍

乘是寶車 遊於四方 嬉戲快樂 自在無礙

告舍利弗 我亦如是 衆聖中尊 世間之父

一切衆生 皆是吾子 深著世樂 無有慧心

三界無安 猶如火宅 衆苦充滿 甚可怖畏

常有生老 病死憂患 如是等火 熾然不息

如來已離 三界火宅 寂然閑居 安處林野

今此三界 皆是我有 其中衆生 悉是吾子

而今此處 多諸患難 唯我一人 能為救護

雖復教詔 而不信受 於諸欲染 貪著深故

以是方便 為說三乘 令諸衆生 知三界苦

開示演說 出世間道 是諸子等 若心決定

具足三明 及六神通 有得緣覺 不退菩薩

汝舍利弗 我為衆生 以此譬喻 說一佛乘

汝等若能 信受是語 一切皆當 成得佛道

是乘微妙 清淨第一 於諸世間 為無有上

汝等若能　信受是語　一切皆當　成得佛道
是乘微妙　清淨第一　於諸世間　爲无有上
佛所悅可　一切衆生　所應稱讚　供養禮拜
无量億千　諸力解脫　禪定智慧　及佛餘法
得如是乘　令諸子等　日夜劫數　常得遊戲
與諸菩薩　及聲聞衆　乘此寶乘　直至道場
以是因緣　十方諦求　更无餘乘　除佛方便
告舍利弗　汝諸人等　皆是吾子　我則是父
汝等累劫　衆苦所燒　我皆濟拔　令出三界
我雖先說　汝等滅度　但盡生死　而實不滅
今所應作　唯佛智慧
若有菩薩　於是衆中　能一心聽　諸佛實法
諸佛世尊　雖以方便　所化衆生　皆是菩薩
若人小智　深著愛欲　爲此等故　說於苦諦
衆生心喜　得未曾有　佛說苦諦　真實无異

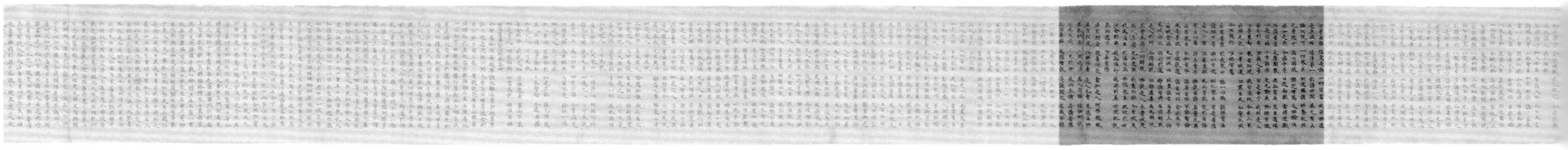

若有衆生 不知苦本 深著苦因 不能暫捨
爲是等故 方便說道 諸苦所因 貪欲爲本
若滅貪欲 无所依止 滅盡諸苦 名第三諦
爲滅諦故 脩行於道 離諸苦縛 名得解脫
是人於何 而得解脫 但離虛妄 名爲解脫
其實未得 一切解脫 佛說是人 未實滅度
斯人未得 无上道故 我意不欲 令至滅度
我爲法王 於法自在 安隱衆生 故現於世
汝舍利弗 我此法印 爲欲利益 世間故說
在所遊方 勿妄宣傳
若有聞者 隨喜頂受 當知是人 阿惟越致
若有信受 此經法者 是人已曾 見過去佛
恭敬供養 亦聞是法 若人有能 信汝所說
則爲見我 亦見於汝 及比丘僧 并諸菩薩
斯法華經 爲深智說 淺識聞之 迷惑不解

則爲見我　亦見於汝　及比丘僧　并諸菩薩
斯法華經　爲深智説　淺識聞之　迷惑不解
一切聲聞　及辟支佛　於此經中　力所不及
汝舍利弗　尚於此經　以信得入　况餘聲聞
其餘聲聞　信佛語故　隨順此經　非己智分
又舍利弗　憍慢懈怠　計我見者　莫説此經
凡夫淺識　深著五欲　聞不能解　亦勿爲説
若人不信　毀謗此經　則斷一切　世間佛種
或復顰蹙　而懷疑惑　汝當聽説　此人罪報
若佛在世　若滅度後　其有誹謗　如斯經典
見有讀誦　書持經者　輕賤憎嫉　而懷結恨
此人罪報　汝今復聽
其人命終　入阿鼻獄　具足一劫　劫盡更生
如是展轉　至無數劫　從地獄出　當墮畜生
若狗野干　其形頦瘦　黧黮疥癩　人所觸嬈

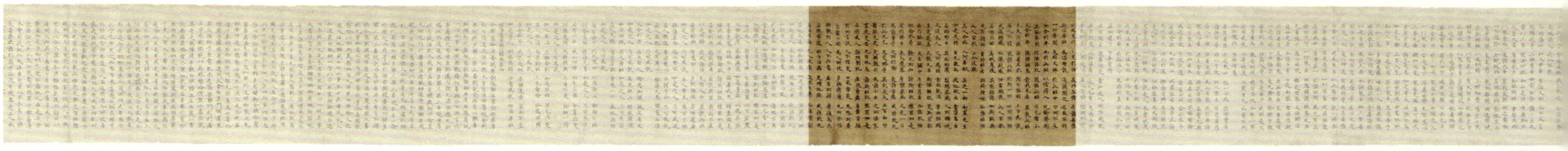

又復為人 之所惡賤 常困飢渴 骨肉枯竭
生受楚毒 死被瓦石 斷佛種故 受斯罪報
若作駱駞 或生驢中 身常負重 加諸杖捶
但念水草 餘无所知 謗斯經故 獲罪如是
有作野干 來入聚落 身體疥癩 又无一目
為諸童子 之所打擲 受諸苦痛 或時致死
於此死已 更受蟒身 其形長大 五百由旬
聾騃无足 宛轉腹行 為諸小虫 之所唼食
晝夜受苦 无有休息 謗斯經故 獲罪如是
若得為人 諸根闇鈍 痤陋攣躄 盲聾背傴
有所言說 人不信受 口氣常臰 鬼魅所著
貧窮下賤 為人所使 多病痟瘦 无所依怙
雖親附人 人不在意 若有所得 尋復忘失
若脩醫道 順方治病 更增他疾 或復致死
若自有病 无人救療 設服良藥 而復增劇

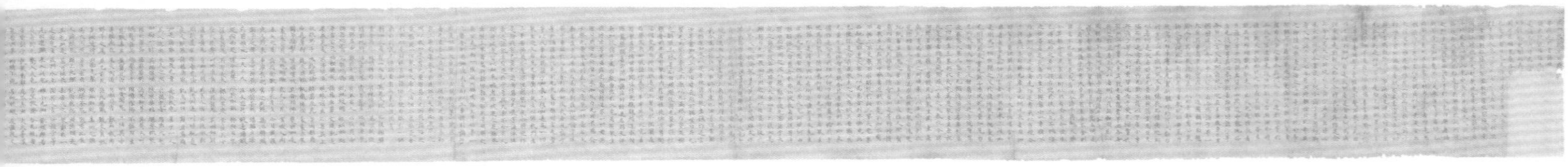

若脩醫道　順方治病　更增他疾　或復致死
若自有病　无人救療　設服良藥　而復增劇
若他反逆　抄劫竊盜　如是等罪　横羅其殃
如斯罪人　永不見佛　衆聖之王　説法教化
如斯罪人　常生難處　狂聾心亂　永不聞法
於无數劫　如恒河沙　生輙聾瘂　諸根不具
常處地獄　如遊園觀　在餘惡道　如己舍宅
駝驢猪狗　是其行處　謗斯經故　獲罪如是
若得為人　聾盲瘖瘂　貧窮諸衰　以自莊嚴
水腫乾痟　疥癩癰疽　如是等病　以為衣服
身常臰處　垢穢不淨　深著我見　增益瞋恚
婬欲熾盛　不擇禽獸　謗斯經故　獲罪如是
告舍利弗　謗斯經者　若説其罪　窮劫不盡
以是因緣　我故語汝　无智人中　莫説此經

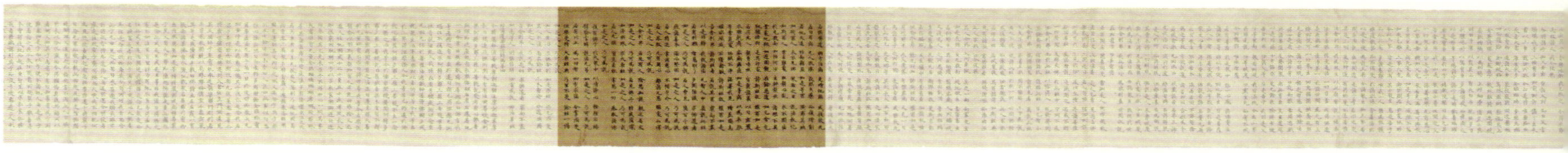

如是之人 乃可為說 若人曾見 億百千佛
殖諸善本 深心堅固 如是之人 乃可為說
若人精進 常脩慈心 不惜身命 乃可為說
若人恭敬 无有異心 離諸凡愚 獨處山澤
如是之人 乃可為說
又舍利弗 若見有人 捨惡知識 親近善友
如是之人 乃可為說 若見佛子 持戒清潔
如淨明珠 求大乘經 如是之人 乃可為說
若人无瞋 質直柔軟 常愍一切 恭敬諸佛
如是之人 乃可為說
復有佛子 於大眾中 以清淨心 種種因緣
譬喻言辭 說法无㝵 如是之人 乃可為說
若有比丘 為一切智 四方求法 合掌頂受
但樂受持 大乘經典 乃至不受 餘經一偈
如是之人 乃可為說

但樂受持　大乘經典　乃至不受　餘經一偈
如是之人　乃可為説
如人至心　求佛舍利　如是求經　得已頂受
其人不復　志求餘經　亦未曾念　外道典籍
如是之人　乃可為説
告舍利弗　我説是相　求佛道者　窮劫不盡
如是等人　則能信解　汝當為説　妙法華經

妙法蓮華經信解品第四

尒時慧命須菩提摩訶迦旃延摩訶迦葉摩
訶目揵連從佛所聞未曾有法世尊授舍利
弗阿耨多羅三藐三菩提記發希有心歡喜
踊躍即從座起整衣服偏袒右肩右膝著地
一心合掌曲躬恭敬瞻仰尊顔而白佛言我
等居僧之首年並朽邁自謂已得涅槃无所
堪任不復進求阿耨多羅三藐三菩提世尊

往昔說法既久我時在座身體疲懈但念空
无相无作於菩薩法遊戲神通淨佛國土成
就衆生心不憙樂所以者何世尊令我等出
於三界得涅槃證又今我等年已朽邁於佛
教化菩薩阿耨多羅三藐三菩提不生一念
好樂之心我等今於佛前聞授聲聞阿耨多
羅三藐三菩提記心甚歡喜得未曾有不謂
於今忽然得聞希有之法深自慶幸獲大善
利无量珎寶不求自得世尊我等今者樂說
譬喻以明斯義譬如有人年既幼稚捨父逃
逝久住他國或十二十至五十歲年既長大
加復窮困馳騁四方以求衣食漸漸遊行遇
向本國其父先來求子不得中止一城其家
大富財寶无量金銀瑠璃珊瑚虎珀頗梨珠

大富財寶无量金銀琉璃珊瑚虎珀頗梨珠
等其諸倉庫悉皆盈溢多有僮僕臣佐吏民
象馬車乘牛羊无數出入息利乃遍他國商
估賈客亦甚衆多時貧窮子遊諸聚落經歷
國邑遂到其父所止之城父每念子與子離
別五十餘年而未曾向人說如此事但自思
惟心懷悔恨自念老朽多有財物金銀珎寶
倉庫盈溢无有子息一旦終沒財物散失无
所委付是以慇懃每憶其子復作是念我若
得子委付財物坦然快樂无復憂慮世尊尒
時窮子傭賃展轉遇到父舍住立門側遥見
其父踞師子床寶机承足諸婆羅門刹利居
士皆恭敬圍繞以真珠瓔珞價直千萬莊嚴
其身吏民僮僕手執白拂侍立左右覆以寶
帳垂諸華幡香水灑地散衆名華羅列寶物

出內取與有如是等種種嚴飾威德特尊窮
子見父有大力勢即懷恐怖悔來至此竊作
是念此或是王或是王等非我傭力得物之
處不如往至貧里肆力有地衣食易得若久
住此或見逼迫強使我作作是念已疾走而
去時富長者於師子座見子便識心大歡喜
即作是念我財物庫藏今有所付我常思念
此子无由見之而忽自來甚適我願我雖年
朽猶故貪惜即遣傍人急追將還尒時使者
疾走往捉窮子驚愕稱怨大喚我不相犯何
為見捉使者執之逾急強牽將還于時窮子
自念无罪而被囚執此必定死轉更惶怖悶
絕躄地父遙見之而語使言不須此人勿強
將來以冷水灑面令得醒悟莫復與語所以
者何父知其子志意下劣自知豪貴為子所

將來以冷水灑面令得醒悟莫復與語所以
者何父知其子志意下劣自知豪貴為子所
難審知是子而以方便不語他人云是我子
使者語之我今放汝隨意所趣窮子歡喜得
未曾有從地而起往至貧里以求衣食尒時
長者將欲誘引其子而設方便密遣二人形
色憔悴无威德者汝可詣彼徐語窮子此有
作處倍與汝直窮子若許將來使作若言欲
何所作便可語之雇汝除糞我等二人亦共
汝作時二使人即求窮子既已得之具陳上
事尒時窮子先取其價尋與除糞其父見子
愍而怪之又以他日於窓牖中遥見子身羸
瘦憔悴糞土塵坌污穢不淨即脫瓔珞細軟
上服嚴飾之具更著麁弊垢膩之衣塵土坌
身右手執持除糞之器狀有所畏語諸作人

汝等勤作勿得懈息以方便故得近其子後
復告言咄男子汝常此作勿復餘去當加汝
價諸有所須瓫器米麵鹽酢之屬莫自疑難
亦有老弊使人須者相給好自安意我如汝
父勿復憂慮所以者何我年老大而汝少壯
汝常作時无有欺怠瞋恨怨言都不見汝有
此諸惡如餘作人自今已後如所生子即時
長者更與作字名之為兒尒時窮子雖欣此
遇猶故自謂客作賤人由是之故於二十年
中常令除糞過是已後心相體信入出无難
然其所止猶在本處世尊尒時長者有疾自
知將死不久語窮子言我今多有金銀珍寶
倉庫盈溢其中多少所應取與汝悉知之我
心如是當體此意所以者何今我與汝便為
不異宜加用心无令漏失尒時窮子即受教

心如是當體此意所以者何今我與汝便爲
不異宜加用心无令漏失尒時窮子即受教
勑領知衆物金銀珎寶及諸庫藏而无希取
一飡之意然其所止故在本處下劣之心亦
未能捨復經少時父知子意漸以通泰成就
大志自鄙先心臨欲終時而命其子并會親
族國王大臣刹利居士皆悉已集即自宣言
諸君當知此是我子我之所生於某城中捨
吾逃走跉跰辛苦五十餘年其本字某我名
某甲昔在本城懷憂推覓忽於此間遇會
得之此實我子我實其父今我所有一切財物
皆是子有先所出内是子所知世尊是時窮
子聞父此言即大歡喜得未曾有而作是念
我本无心有所希求今此寶藏自然而至世
尊大富長者則是如來我等皆似佛子如來

常說我等為子世尊我等以三苦故於生死
中受諸熱惱迷惑无知樂著小法今日世尊
令我等思惟蠲除諸法戲論之糞我等於中
勤加精進得至涅槃一日之價既得此已心
大歡喜自以為足便自謂於佛法中懃精進
故所得弘多然世尊先知我等心著弊欲樂
於小法便見縱捨不為分別汝等當有如來
知見寶藏之分世尊以方便力說如來智慧
我等從佛得涅槃一日之價以為大得於此
大乘无有志求我等又因如來智慧為諸菩
薩開示演說而自於此无有志願所以者何
佛知我等心樂小法以方便力隨我等說而
我等不知真是佛子今我等方知世尊於佛
智慧无所悋惜所以者何我等昔來真是佛
子而但樂小法若我等有樂大之心佛則為

智慧无所悋惜所以者何我等昔来真是佛
子而但樂小法若我等有樂大之心佛則為
我說大乘法於此經中唯說一乘而昔於菩
薩前毀呰聲聞樂小法者然佛實以大乘教
化是故我等說本无心有所希求今法王
大寶自然而至如佛子所應得者皆已得之
尒時摩訶迦葉欲重宣此義而說偈言
我等今日 聞佛音教 歡喜踊躍 得未曾有
佛說聲聞 當得作佛 无上寶聚 不求自得
譬如童子 幼稚无識 捨父逃逝 遠到他土
周流諸國 五十餘年 其父憂念 四方推求
求之既疲 頓止一城 造立舍宅 五欲自娛
其家巨富 多諸金銀 車𤦲馬瑙 真珠琉璃
象馬牛羊 輦輿車乘 田業僮僕 人民衆多
出入息利 乃遍他國 商估賈人 无處不有

千万億衆　圍繞恭敬　常為王者　之所愛念
羣臣豪族　皆共宗重　以諸縁故　往来者衆
豪富如是　有大力勢　而年朽邁　益憂念子
夙夜惟念　死時将至　癡子捨我　五十餘年
庫藏諸物　當如之何
尒時窮子　求索衣食　從邑至邑　從國至國
或有所得　或无所得　飢餓羸瘦　體生瘡癬
漸次經歷　到父住城　傭賃展轉　遂至父舍
尒時長者　於其門内　施大寶帳　處師子座
眷屬圍繞　諸人侍衛
或有計筭　金銀寶物　出内財産　注記券疏
窮子見父　豪貴尊嚴　謂是國王　若國王等
驚怖自怪　何故至此
覆自念言　我若久住　或見逼迫　強駈使作
思惟是已　馳走而去　借問貧里　欲往傭作

竊自念言　我若久住　或見逼迫　強驅使作
思惟是已　馳走而去　借問貧里　欲往傭作
長者是時　在師子座　遙見其子　默而識之
即勅使者　追捉將來　窮子驚喚　迷悶躄地
是人執我　必當見殺　何用衣食　使我至此
長者知子　愚癡狹劣　不信我言　不信是父
即以方便　更遣餘人　眇目矬陋　無威德者
汝可語之　云當相雇　除諸糞穢　倍與汝價
窮子聞之　歡喜隨来　為除糞穢　淨諸房舍
長者於牖　常見其子　念子愚劣　樂為鄙事
於是長者　著弊垢衣　執除糞器　往到子所
方便附近　語令勤作
既益汝價　并塗足油　飲食充足　薦席厚暖
如是苦言　汝當懃作　又以軟語　若如我子
長者有智　漸令入出　經二十年　執作家事

示其金銀　真珠頗梨　諸物出入　皆使令知
猶處門外　止宿草菴　自念貧事　我无此物
父知子心　漸已曠大　欲與財物　即聚親族
國王大臣　剎利居士　於此大眾　說是我子
捨我他行　經五十歲　自見子來　已二十年
昔於某城　而失是子　周行求索　遂來至此
凡我所有　舍宅人民　悉以付之　恣其所用
子念昔貧　志意下劣　今於父所　大獲珍寶
并及舍宅　一切財物　甚大歡喜　得未曾有
佛亦如是　知我樂小　未曾說言　汝等作佛
而說我等　得諸无漏　成就小乘　聲聞弟子
佛勅我等　說最上道　脩習此者　當得成佛
我承佛教　為大菩薩　以諸因緣　種種譬喻
若干言辭　說无上道
諸佛子等　從我聞法　日夜思惟　精懃脩習

若干言辭　說无上道
諸佛子等　從我聞法　日夜思惟　精懃修習
是時諸佛　即授其記　汝於來世　當得作佛
一切諸佛　秘藏之法　但為菩薩　演其實事
而不為我　說斯真要
如彼窮子　得近其父　雖知諸物　心不希求
我等雖說　佛法寶藏　自无志願　亦復如是
我等內滅　自謂為足　唯了此事　更无餘事
我等若聞　淨佛國土　教化衆生　都无欣樂
所以者何　一切諸法　皆悉空寂　无生无滅
无大无小　无漏无為　如是思惟　不生喜樂
我等長夜　於佛智慧　无貪无著　无復志願
而自於法　謂是究竟
我等長夜　修習空法　得脫三界　苦惱之患
住最後身　有余涅槃　佛所教化　得道不虛

則為已得　報佛之恩
我等雖為　諸佛子等　說菩薩法　以求佛道
而於是法　永无願樂　導師見捨　觀我心故
初不勸進　說有實利　如富長者　知子志劣
以方便力　柔伏其心　然後乃付　一切財物
佛亦如是　現希有事　知樂小者　以方便力
調伏其心　乃教大智　我等今日　得未曾有
非先所望　而今自得　如彼窮子　得无量寶
世尊我今　得道得果　於无漏法　得清淨眼
我等長夜　持佛淨戒　始於今日　得其果報
法王法中　久脩梵行　今得无漏　无上大果
我等今者　真是聲聞　以佛道聲　令一切聞
我等今者　真阿羅漢　於諸世間　天人魔梵

我等今者 真是聲聞 以佛道聲 令一切聞
我等今者 真阿羅漢 於諸世間 天人魔梵
普於其中 應受供養
世尊大恩 以希有事 憐愍教化 利益我等
无量億劫 誰能報者
手足供給 頭頂禮敬 一切供養 皆不能報
若以頂戴 兩肩荷負 於恒沙劫 盡心恭敬
又以美膳 无量寶衣 及諸卧具 種種湯藥
牛頭栴檀 及諸珍寶 以起塔廟 寶衣布地
如斯等事 以用供養 於恒沙劫 亦不能報
諸佛希有 无量无邊 不可思議 大神通力
无漏无為 諸法之王 能為下劣 忍于斯事
取相凡夫 隨宜而說 諸佛於法 得最自在
知諸衆生 種種欲樂 及其志力 隨所堪任

隨諸衆生 宿世善根 又知成熟 未成熟者

種種籌量 分別知已 於一乘道 隨宜說三

妙法蓮華經卷第二

BD00053　妙法蓮華經卷二

BD00054　金剛仙論卷八

世親菩薩　造　金剛仙論師　釋

（北魏）菩提流支　譯

1097cm × 26.8cm

以五眼經答
有无斯照隨法廣
有眼故云不見非
何故言不見有但昔
見有二種一真如平
條然有異故言不見
本來不生古今空寂
中絕相故聖人无有
見世所以得言見者
而滔如實而見世此能
…法密
不見非謂眼境並无令不見世若
言不見便謂諸佛菩薩一向无眼
故次明也
如來有肉眼者何者是肉眼所知境界所

令[illegible]見上不見下[illegible]生造業[illegible]

報得肉眼亦差品不同或但見郭內不見郭
外或內外俱見或晝見夜不見或夜見晝不
見或晝夜俱見此等諸眼皆是父母所生眼
如弗婆提人以父母所生眼能[illegible]色前
後俱見如來同凡夫見此虛妄之色故去如
來有肉眼也如來有天眼者天眼有二種一
者修得二者報得何者是天眼所知境界天
眼亦照因緣和合虛妄境界皆見郭外之[illegible]
亦有見下不見上者有見前不見[illegible]
力見上見下見前見後有四方俱[illegible]
所見亦同凡夫顛倒取境如來稱[illegible]
而緣以此為異故言如來有天眼[illegible]
人有報得肉眼有報得天眼亦有修[illegible]
者此皆三界中法明諸佛菩薩道超出表久

者此皆三界中法明諸佛菩薩道超出表久
已无此二眼何故導言如來有此二眼者直
以見同二眼故言如來有天眼也
如來有慧眼者何者是慧眼所緣境明慧眼
知一切有為法无為法有漏无漏善惡无記
等法而不作念我知此法明如來亦同二乘
所緣法故言如來有慧眼也
如來有法眼者何者是法眼所緣境界明法
眼能知三乘聖人當證果時乘何等心證於
道果如此法眼所緣證法差別如來亦同見
之故言如來有法眼也
如來有佛眼者然上之四眼見境不周知法
不盡故設所知見不能明了明佛眼所見真
俗並照巨細斯鑒一切万法了了通達无境
不周无法不盡故名佛眼也何以有五眼

故有照境之見眼有此眼故知能有身有眼
言不見非无身无眼言不見故次明此五眼
經文也乘五眼經文復更生疑疑云十方世
界无量无邊直三千世界中所有種種諸法
尚不可知盡況无邊世界中亦有種種諸法
何故但明此五眼若正有此五眼是為如來
則知法不盡見境不周故引恒河沙喻以荅
此疑欲明如來雖但有五眼而照所知之境
莫不皆盡然知境雖盡不可俱鄣於文且境
中微細難知者不過心法故舉恒沙世界中
衆生一衆生身中有善心不善心无記心有
漏无漏三世等心數不可限量一衆生有若
干種心恒沙世界衆生各有尒許心數差别
不同如來以三達靈知於一念中朗照故不
應難云若如來但有五眼則知境不盡也此

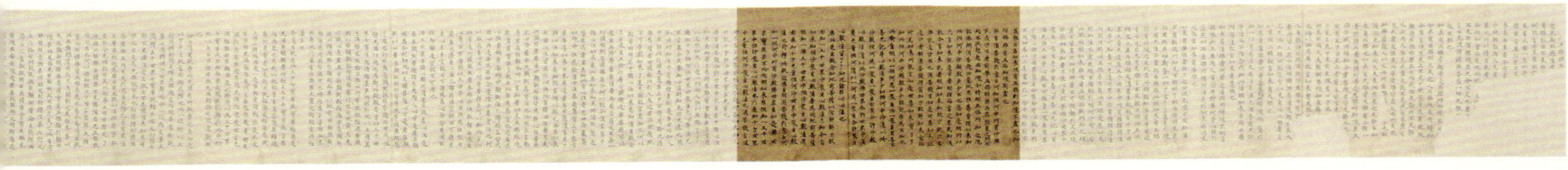

應難云若如來但有五眼則知境不盡也此
明眼雖有五而知境斯盡也
佛言須菩提於意云何如恒河中所有沙佛
說是沙不者前舉五眼明佛内具能見之智竝
智不孤起起必知境今將明五眼所知之境
故佛問須菩提汝意地思惟籌量謂如來知
此恒河中沙頭數多少不也應如是問所以
乃言如來說是沙不者明理而言之要先知後
說今言如來說者明知如來知故方說故云
佛說是沙不也須菩提言如是世尊如來說
是沙者明須菩提得賓加力故解如來意故
何述如來所說言如是世尊如來實了了
知此恒河中沙頭數多少故說非為不知也
此喻意明以一恒河為一衆生此一衆生有善不
[illegible]支[illegible]一大[illegible]可少夏以七

沙數恒河爲一衆生一衆生而有尒許沙數
心數法復以此沙數佛世界尒許世界中復
有无量恒河復以一河爲一衆生尒許衆生
心數法皆了了知況餘非心心法也
乘此更生疑念如地前菩薩以信解解力故
亦知一三千世界中衆生心數法未知今言
如來知恒沙衆生心數法者爲同地前菩薩
但知一佛三千世界中恒沙衆生心數法爲
亦遍知十方无量恒河沙世界中衆生心數
法也將釋此疑故佛重問須菩提於意云何
如一恒河中所有沙數佛世界至如是佛世
界寧爲多不此欲明如來非但知一三千世
界中恒沙衆生心心數法也乃遍知十方世界
中无量恒河沙衆生心數法也須菩提言彼

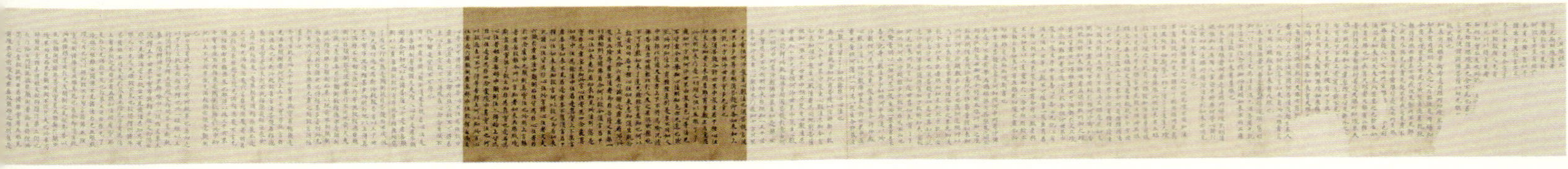

中无量恒河沙衆生心數法世須菩提言彼
世界甚多世尊者明須菩提仰荅如來如上
所說十方恒沙世界實多无量也
佛告須菩提尒許世界中衆生若干種心住
如來悉知者上來問荅雖有重數正荅意在
此文明如來乃是一切智人但以五眼了了
遍知十方恒河沙世界中衆生色心等法无
不皆盡今且舉知心法明知色亦无遺也然
就此所知法中有種種差別憂劣不同如人
中果報比於諸天憂劣上下不得爲喻況諸
佛菩薩出世勝報比於人天之果俱然懸絕
不可筭數如來了達无餘故言悉知也何以
故者因向若干種心住如來悉知復生疑念
上云衆生五陰六塵六識體是虛妄若取此
文上云陰等虛妄法皆即非菩薩人難

種心住如來悉知若如來知見此法則應是
實非為虛妄未知此言心住者為四念處真
如境中住為餘法中住若是真實上不應言
虛妄導如來不見若是虛妄不應復言若干
種心住如來悉知故言何以故也即答如來
說諸心住皆為非心住此言諸心住者凡夫
六識於虛妄法中顛倒而住皆為非心住者非
於四念處中无顛倒真實住也此明上言離
者虛妄故離今所以言知者如來五眼照境
斯盡虛實俱了故去知非為真實也是名為
心住者經虛妄緣中顛倒住久得結上皆為
非心住是名為非四念處境中真實住也何
以故過去心不可得等者釋上何以知此言心
住者是六識顛倒虛妄緣中住故釋去過去

住者是六識顛倒虛妄緣中住故輝去過去
心等不可得明以三世等心不住為住故曰
虛妄也過去心法已謝於往空故不可得未
來心未至空故不可得現在心念念生滅不
住即體是空故不可得也
因三世虛妄諸心顛倒復更生疑若心住是
虛妄顛倒者便謂凡夫聖人心皆是虛妄顛
倒若尒則初地以上諸菩薩心亦是虛妄顛
倒以心虛妄顛倒故所有布施等福德智慧
了因之行亦應是顛倒故非菩提因不成彼
圻无漏功德世為斷此疑故答言以三千世
界七寶布施得福甚多此明初地以上得真
无漏解不取相不住心行布施故福德非顛
倒以非顛倒故成波羅蜜行不同地前凡夫

福德爲因故非滌然世得福甚多者明此无
相布施乃感常住佛果无盡之福故言得福
甚多也
即復生疑若此三千七寶布施實有福德是
无漏非顛倒者何故上三千七寶布施言非
福德聚也爲斷此疑故答言須菩提若福德
聚相有實者如來則不說福德聚福德聚然
上明二種福德聚一是取相有漏福德聚二是
不取相无漏福德聚我言非福德聚者明有
漏福德聚非趣菩提无漏福德聚不言无
漏福德亦非福德聚也那得以彼三千世界
七寶布施取相福德是顛倒故難我此中初
地以上不取相布施无漏福德亦使是顛倒
也

世
論曰復有疑等此先牒前所疑事世若如是
以下序生疑意指經爲釋也此一段經以三
行偈釋初偈正釋五眼經文作問荅意斷疑
第二偈釋恒沙世界譬喻中一段經文第三
偈釋三千世界七寶布施福多經文初偈云
雖不見諸法者上疑云不見諸法未知爲有
眼而不見爲无眼故不見也故偈釋明諸佛
菩薩雖不同凡夫於衆生五陰色等有爲法
上有取相之見非不有五眼如法相虚實而
見非今无眼故不見也故第二句云非无了
境眼此眼雖云諸佛不見諸法非无五眼照
境之用也何以得知故次下句言諸佛五種
實此明諸佛有五眼具足也若尒即復生疑
此五種眼還同於凡夫顛倒之見故而荅以

[illegible]
境界而見而見非顛倒故不同凡夫也此半偈
雖解經意猶未釋經文故拘碟作第二偈也
長行論云何故說彼非顛倒者論主将釋此
偈答之意故設問云若諸佛實有五眼見
前境界者前境是虛妄故能緣之智則應是
顛倒何故說彼五眼為非顛倒也即答為顯
斷疑譬喻是故說我知彼種種心住如是等也
明為釋答但有五眼則知多境不盡之疑故
引恒沙譬喻是故言導若干種心住如來悉
知非同凡夫顛倒之知也故下問云此示何
義即答彼非顛倒以見顛倒故也何者是顛
倒者問若佛五眼非顛倒者何者顛倒眼
也即答偈言種種顛倒識以離於實念也明
六識非一故云種種妄取六塵以不實為實

六識非一故云種種妄取六塵以不實為實
此惱境之心故云顛倒識也何以得知六識
是顛倒次下句云以離於實念實念者四念
處觀也觀我此身常此身无常乃至法亦如
是也以六識不住四念處中乃取虛妄六塵
故名顛倒也不住彼實智是故說顛倒者此
二句成上二句也明六識不住彼四念處實智
境中是故我說為顛倒也此義云何至差別
顛倒釋偈中初句也何故彼心住名為顛倒
者何故六種心住名為顛倒也即以偈下三
句荅明其六識但緣六塵虛妄境界不能
住四念處境中是故說顛倒也
如來說諸心住皆為非心住者提此一偈所
釋經來也此句亦現遠離四念處者釋向六

住義者此以義故說彼四念處是住義
住也即若心住者住彼念處也明若心住於
四念境中者可名為住而此六識以離彼四
念處取虛妄境界故去不住也又住不動根
本名異義一者釋上心住彼念處者有於住
義也依世雜論解以後釋前何故名住以其
不動何故不動以根本也又解何故名住朗
菩薩以四念處解栖心真如理中故名為住
既心住真如不為五欲所壞故曰不動亦得
去不為二乘所壞故曰不動此真如解既不
為五欲所動便能与菩提為基故名根本也
若如是不住是故說心住者若不能如是於
四念處境中住者是故便說為虛妄境中住
也此明不住相續不斷行曰者雙釋住不住
義也此不住者釋前句也若如是不住相續

義也此不住者釋前句也若如是不住相續
不斷行曰者釋是故説心住也是故不住者
經虛妄住者為非實住也亦彼相續顛倒明
虛妄境中相續住者是顛倒識也經答上問
何故彼心住名為顛倒也如經過去心以下
舉釋虛妄住非心住經結成顛倒義也以過
去未來以下釋三世心住經可知也
何故依福德重説譬喻者作問生起第三偈
也第三偈佛智慧根本者上難去以心顛倒
故此福德亦應是顛倒今言佛智慧根本明
此初地以上不取相布施是无漏福德乃与
佛果種智以為勝因故曰佛智慧根本也又
第二句云非顛倒功德明知此菩薩布施福
德非取相顛倒心也以是福德相者以是佛
智慧根本福德相也故重説譬喻者重説三

千世界施福明雖同是布施但取相心中布
施者福德是顛倒不取相心施施名雖同而
福非顛倒也然取相心施雖是顛倒非不回
此地前取相有漏施福以之為因然後得入
初地无漏有傾理之義故地前取相福德亦得
相從為不顛倒福德也此說何義至何名善
法者此序經中生疑之意也為斷此疑以下
至福德非顛倒釋答疑之意也何以故者釋
此七寶施福何以得為非顛倒也即提偈
上句來答以佛智慧根本故非顛倒也云何
亦現根本者問云何亦現此七寶施福是佛
智慧根本也如經須菩提等舉經為取第二
福德聚答佛智慧根本義也此義云何以下
釋經中第二福德聚是其无漏故非顛倒以
无漏故得為佛智慧根本也

无漏故得為佛智慧根本也
須菩提於意云何佛可以色身見不等此一
段經是斷疑分中第六段經文此經所以來
者有疑故上已三處明可以相成就見如來
不此中第四何故復言佛可以具足色相身
成就見不也初一邊明法身上无應佛生住
滅三相第二邊明法身上无報佛大丈夫相
第三邊明法身上无色等法有為万相此三處
就别相中以明法身佛古今湛然如虚空身
非修行故得不可以色相而見須弥山王喻
中明報身佛由行者修行因緣万德圓滿以
色相莊嚴體非有為有漏湛然常住此就别
相明報佛第六段中无有定法得菩提者明
應佛從感故有非修行可得畢竟无色无心

佛非法報二佛此就三種佛別相義邊不得
為一世有人生疑若此三佛差別不同則皆
是不實何以故應身佛非修行所得无色无
心則是虛妄既離法身有報佛報佛則是本
无今有已有還无亦是不實若法身佛如虛
空不可得見體亦不實此是一種疑又上第
六段中云聖人以无為法得名復云由行者
修行因緣成就相好名之為佛若然為當即
法身上有此報應二佛色相之身寘然是一
為條然異於法身有此二色相身也若寘然
是一則不應有三佛用差若條然異者則皆
是虛妄无有一義有如此疑故佛問須菩提
佛可以具足色身見不等此答意云汝不應
作是難所以然者明此三佛亦有一義亦有

作是難所以然者明此三佛亦有一義亦有
異義故語一則始終一法性无有二相論異
則三佛體用有别應然不同此三種佛理而
言之恒一恒三恒三恒一言三不傷其一體
論一不廢其三用故不應難言此三種佛為
實然作一為條然有異為釋此疑故次明也
於意云何佛可以具足色身見不者此佛問
須菩提明虛空法身古今湛然體无色相可
以報應二佛具足色身見不也故須菩提答
不也世尊如來不應以色身見此明三佛别
相異義邊明法身如來古今湛然猶如虛空
不可以報應二佛具足色身而見故不得説
即法身上有報應二佛具足色身此一句慎

身如來古今无相猶如虛空不可以報應二
佛具足色身見者法身便一向无色若尒則
異於法身別有報應二佛具足之色則還同
前疑三佛條然別相何以故復作如是說也
故即答如來說具足色身此明三佛一義邊
即法身上有功德智慧二種莊嚴真如解脫
色万德圓滿无所缺少以修行因緣顯本有
法身以為報佛故即法身上有此具足色身
也若法身中无具足色者則不應有報應二
佛具足色身以斯義故得導即法身上有報
應二佛色身此明三佛不異義也是故上言
一切法皆是佛法覆復生疑若即法身上有
報應二種色身者便法身中有色上不應言
報佛世三丈夫相及應佛相非法身相也又

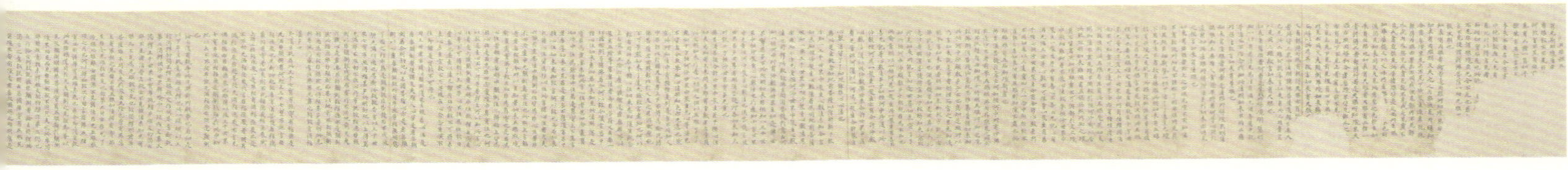

報佛卅三丈夫相及應佛相非法身相也又
亦不應去法身古今一定如虛空也故荅言
即非具足色身明向者就三佛一義邊得古
即法身上有具足色身若據異義邊明法身
古今一定无有二佛色身之用故上初句云不
應以具足色身見故言即非具足色身也此
成上經卅二大人相即是非相也若法身上
无報應色者還同前疑若法身佛就體无
色身可見者此之色身則條然異於法身能
得導言即法身佛上有具足色身也故荅言
是故如來說名具足色身明法身中雖即无報
應之色可見然正顯法身作報佛色身之用由
有報應故不離法身有報應之色故言如
來說名具足色身也此成上第二句一義邊

具足身者就異義邊論明即法身佛上无二
佛色身之用故亦得云不具足色身此句雙
結三佛一異有色之義但以善難故直云是
故如來說名具足色身此成上異義也
又問此中但就色身明具足之義則是何故復
明諸相具足也有人乘无生疑若法身佛
上无具足色身此法身佛爲有卅二相爲无
卅二相爲一爲異也有如此疑問以故諸相經
答明曰色身故則有卅二相上已了了解釋
即法身佛上有具足色身即法身上无具
足色身何得難言若法身无色爲有諸相爲
无諸相也諸相四句經文不異前具足色身
中義故不別釋也
論曰復有疑若諸佛以无爲法得名者牒上

論曰復有疑若諸佛以无爲法得名者牒上
苐六段中經來世論主略申生疑所以云何
諸佛成就八十種好卅二相而名爲佛者序
作難之辭云若法身佛无爲法得名如虛虛
者与報應二佛色相之身爲一爲異等也廣
作疑問不異經相世生起爲斷此疑是故說
非成就色身非成就諸相者略舉經中色相二
處三佛異義經文荅其不異之難又色身攝得
八十種好卅二相復舉上二處三佛一義經意
荅其異疑也如經以下舉二處一異經來結
世此一段經文以二行偈釋初偈釋經中法
身佛不可以具足色身見不可以具足諸相
見苐二偈上三句釋經中如來說具足色身
具足相身下一句釋經中即非具足色身即
非具足相身是故如來說具足色身具足相

何故不定答乃作如此不定之説或言法身
有色相或言法身无色相也故即偈答法身
畢竟體非彼相好身此二偈明就三佛異義
邊不得言有色相一義邊得言有色相也法
身畢竟體者以初一偈釋二處經中佛問須
菩提答乃至如來不應以色身見不應以相
身見并明虚空法身畢竟无有報應色相之
用可見故云法身畢竟體也何以故以報應
色相之身脩行方得故色相之身顯用於報
應真如法身雖万德圓滿但據體而論故无
色相之用也如冬樹无葉以時未至故非一
向无也若一向无者應時至亦无以此喻驗
之法身非不有色相以時未至故不可見也
非彼相好身者明法身非報應相好身也以

非彼相好身者明法身非報應相好身也以
非相成就者所以言法身非相好身者以法
身不爲現用相好所成故也法身何故不爲相
所成故下句云非彼法身故明相好之身
非古今一定法身之體故言非彼法身故此
明法身佛異義也
第二偈上句釋經中何以故如來説具足色
身具足相身二處經文也明法身上雖无色
相之用可見然不離於法身以修行因緣則
有報應色相之用畢竟不從餘處來也故云
不離於法身彼二非不佛也彼二者彼色
之与相非不是法身佛故第三句云故重説
成就下一句並釋法身中亦得言有色相亦
无二者此明虛空法身中畢竟无報應色相

二此明不離法身有報應色相之身也釋經中是故說具足色身具足相身也此二偈說何義至以非彼法身相故釋初偈明法身異義邊无色相也此二非不彼乃至偈言彼二非不佛故釋第二偈上二句引所釋經證舉偈第二句結明一義邊法身有色相也是故此二乃至以不離法身故釋第二偈中下句明法身中亦得說无報應色相二亦得說有色相二也所以此中再邊釋此一異之義者但經中為釋難故有其兩重故論主亦重釋也是故此二亦得言无故說非身成就非相成就此是釋法身无色相義經論相屬也亦得言有故說色身成就諸相成就者此解法身有色相義經論相屬也偈言亦无二及有

身有色相義經論相屬也偈言亦无二及有
者釋竟以偈結之也何故如是說者設問也
以彼法身中无即於是義者答法身中无色
相所以也說如來色身成就諸相成就以不離
彼身故者答法身有色相所由也而法身不
如是說者明雖不離法身有色相之身而法
身義邊古今一定畢竟无此色相爲生下疑
故作此句欲使乘无生難曰言長理故後章
得顯也
佛言須菩提於意云何汝謂如來有所說法
耶莫作此斷疑分中第七段經文已三遍來此
所以來有疑故也上來廣辯法身之體畢竟
无有有爲万相又此前段經復明虛空法身
異義邊體无報應色相若法身无色相則亦

法身佛不說法者報應二佛亦應一向不說
法又疑若使如來說法者為即此證智法身
有言教可說為離此證智法身別有此言教
可說也為斷此疑故荅於意云何汝謂如來
有所說法耶此荅意明法身之體无名无相
畢竟无色相可見无言教可說又雖无色相
諸根然要顯法身為報佛由法身現時為報
故得言曰法身有色相諸根有口業有言教
說法故上論云聖人證无為法還說无為法
若以此文驗者雖即證法无言教可說亦不
得離此所證法身別有教法可說也於意云
何者此應有問荅而不作問荅故如來直問
須菩提於意云何欲使須解而荅也
汝謂如來作是念如來有所說法不者問須

BD00054　金剛仙論卷八

汝謂如來作是念如來有所説法不者問須
菩提汝謂如來作念謂於无名相證法中有
名相可説不汝謂如來作是念離於所證法
更有言教法可説不也莫作是念者應須菩
提此念汝若謂如來於證法无名相理取同名
相可説者此是不正念若謂如來離於證智
更有教法可説者此亦是不正念故言莫作
是念也何以故須菩提若人言如來所有説
法則為謗佛不能解我所説義者此釋前何
以故汝向所説是不正説若人言如來有所
説法則為謗佛明佛實不作是説導言如來
作此説即誣聖言故言謗佛此人所以生謗者
以不解如來所説理教一異之義故云何不
解聞言證法无名相便謂離於證法條然更

解義也何以故者此也辯釋名何以故道言
如來有所說法則是謗佛也故下即云如來
說法說法者无法可說明說法有二一是所
詮證義二能詮言教然此理教雖殊而本末
相由理无條然若證法有名相可說者此不
解聖意名為謗佛聞言證法无名相便謂離
此證法別有言教可說復是不解聖意亦
為謗佛也无法可說者明證法无言教可說
離於證法亦无言教可說也是名說法者
如是解證法无名相可說不離證法有教法
可說者方名正解方名正說故言是名說法
也亦應言是名非說法明若不如是解證中
无名相可說曰證有名相可說者故非說法
也

世
論曰復有疑乃至若相成就不可得見者牒
次前无色无相經也云何言如來說法者作
難目下經文以下引經申斷疑之意也
此經以一行偈釋如佛法亦然者釋經中乃
至不能解我所說故如佛者如前經中明法
身佛上有色相无色相三佛一異離即之義
也法亦然者佛既如此理教法一異義亦同
世明能詮言教所詮證義依此而論亦得言
有差別故次第二句云所說二差別此釋經
中說法說法者二差別者理教殊也此明能
詮所詮異義邊亦然也亦得言无差別故下
二句云不離於法界說法无自相此釋經中
无法可說是名說法法也不離於法界者明

說說義能說聲教六行相顯以自一義道
然世說法无自相者既如證如說離於真如
法界更无言教自相可說即證智體无有名
相故亦无言教自相可說也長行論初何故
言說法說法者提經爲問也即指偈答言所
說二差別故何者是二乃至所有義此出經
中重言說法說法者偈中二也何故言无法
可說者若有言教能說復有所說義便應是
有說何故言无法可說也即以下半偈答言不
離於法界說法无自相故也此以何義以下
有一問答釋偈也
尒時慧命須菩提白佛言世尊頗有衆生於
未來世聞說此經法生信心不尊此一段經
是斷疑分中第八段經文復所以來此亦有
疑故來世前段經或明法身體无報應色相

疑故來世前段經或明法身體无報應色相
之身或云即法身上有報應色相今疑者偏
執无邊生難若一義邊即法身上有報應色
相者法身佛既體如虛空不可以色相而見
此報應二佛与法身一故則應是无又次前
經明真如法界體絶名相与言教有異復云
不離真法界有言教可說若尒此真法界體
亦如虛空无有聲教此聲教既与證智體一
應亦是其无以證法无名相故也此之兩處
或明法身法界无色相言教而復言不離法
身法界有此色相言教斯二段經一異之義
至深難解為但現坐能信為未來世中亦有
人能信為一向无人能信也又若有人能信
者有何等人能生信心為是凡夫為是聖人

菩意明經理雖甚深難信然非但道蓋當時
現坐生信明未來世中亦有人能信何人能
信明要地前地上二種菩薩久供諸佛殖因
深遠具足二種无我解者能信此經也經言
彼非衆生非不衆生者此出有能信人也應
直菩言菩薩有智慧人能信此經何故乃言
彼非衆生非不衆生也然此聖人相解其言
雖隱而能於此言取悟也彼非衆生者明彼
能信人非无智慧不修行不曾供養諸佛聞
此經未生信衆生也非不衆生者非不是能
信聖人衆生明此人已曾供養過去諸佛修
行來久聞此深經則能生信无疑是故彼非
无智不信衆生是有智慧能信衆生故次明
也何以故者此世辯釋前應問何以故名此

BD00054　金剛仙論卷八

也何以故者此世辯釋前應問何以故名此
能信人作彼非衆生何故復名爲非不衆生
也我未解此義唯願如来爲我解説即荅言
須菩提衆生衆生者此重牒前彼非衆生非
不衆生然後釋也如来説非衆生是名衆生
者明此能信人非是底下愚癡凡夫不信衆
生也是名菩薩摩訶薩能信聖人使衆生也
論曰復有疑若言諸佛説者是无所説法不
離於法界亦是其无者牒前有色相无色相
有説法无説法二處深經也有何等人能信
此甚深法界者作疑問之意也自下經文者
指經爲釋也所説説者深者以此一偈釋斯
一段經依經次苐應言説者所説深但以闡
隨論法隨逐語便故言所説説者深亦以乘

不可以色相成就見法身如來等經中所明
三種佛能說人也深者明前所牒二經一異
理深即舉為疑斷之二經佛說太深於未來
世為有人能信為當无人能信也故下句云非
无能信者此句明有人能信也應問何者是
能信人故下句即指出其人非衆生衆生釋
經中彼非衆生非不衆生非衆生者明非
无信衆生也衆生者是有信衆生也非聖者
此世諦釋名非衆生者非是不聖正是聖也
故即云非不聖也此是出其能信之人也
何故言須菩提非衆生非不衆生者提經為
問也偈言以下指下半偈為釋也此以何義
者此半偈以何義故得釋彼非衆生非不衆
生經為能信人也即釋若有信此經至非凡

生經爲能信人也即釋若有信此經至非凡
夫體故解經偈中彼非衆生也若有信此經
彼人非衆生者取偈上句中能信義也非
衆生者提偈第三句中非衆生來也非无聖
體者以偈下句中非聖兩字釋前非衆生也
非无聖體者非凡夫體故者此是論主結能
信者是聖人非凡夫體也非不衆生者提經
來也以有聖體故者以偈第四句中非不聖
釋之也彼人非凡夫衆生非不是聖體衆生
者結此能信爲非凡夫是聖人也如經何以
故至是名衆生故引如來成釋爲證也如來
說非衆生者非凡夫衆生此論主釋經是故
說衆生者結爲能信聖人衆生也衆生者以
聖人衆生是故說非衆生者以是能信聖衆

世此等是斷疑分中第九段經文此已五遍
來文雖相似而義有殊故非重也此所以來
者爲釋疑故也此疑從何處生上來已廣明
法身古今體滿非修得法文即此斷疑分初
第二段經中言无有實法如來得阿耨三菩
提明法身菩提非有爲法故不可以有爲相
得即復言如來所得阿耨三菩提明菩提之
體是无爲法故有菩提可得復以大身譬喻
釋成明法身本來圓滿具二莊嚴離於二鄣
非修行得即生疑云若言如來得三菩提者
爲修行故得爲不修行故得若法身菩提古
今一定猶如虛空万德圓滿非修行因緣然
後可得者云何言行者一阿僧祇修行滿足
證於初地轉得七地二阿僧祇滿乃至十地上

證於初地轉得七地二阿僧祇滿乃至十地上
上轉勝三阿僧祇後證佛果菩提也以此驗
知法身便修行因緣可得後方圓是那得
道言法身如來猶如虛空万德圓滿非修
得法也若由修行得者云何乃離於上上證
所得報佛而說別有法身如來此報一難異
也又次前第六段經明法身猶如虛空體无
諸相非修行得法故不可以具足色相而見
乘生疑念若法身非修得法无色相可見者
云何菩薩修行因緣轉轉證得阿耨三菩提
也此疑既起之在先所以今方斷者以中間
更乘生異疑遣之未盡故今方釋也此謂為
疑故經中答意明佛有二種一法身佛古今
湛然體性圓非修得法此即性淨涅槃二

方便修涅槃行得故便使法佛性淨涅槃亦
修行而得為釋此疑故次明也然就斯一段
經文有四子句前三句明法身佛性淨涅槃
體相圓滿非修得法一句明報佛方便涅
槃亦万德圓滿而有无方大用是可修得法
也
无有少法得三菩提者此是第一子句明法
身如來万德圓滿无所歛減雖在煩惱染法
於万德中不少一法非以修行因緣後方滿
是故得名為无上菩提故云无少法得三菩
提也此就法體滿是以明法身非修得法也
復次須菩提是法平等无有高下是名三菩
提者此是第二子句釋初句法身所以万德
本圓非修行方滿者以法身古今一定非以

本圓非修行方滿者以法身古今一定非以
由人修行因緣故在聖人心中万德增名爲
高非以人不修行因緣故在闡提心中万德
減名爲下此就行者以明法佛體无增減非
修得也以无衆生无人无壽者得平等三菩
提者此是第三子句釋前第二句法身所以
平等无有高下者明一切衆生法身體相万
德皆等无此功德多彼功德少本來寂滅自
性離鄣一切平等无有我人等或不如金剛
以還因中行者行有深淺斷或有多少故勝
如不同有憂劣之別故起慢心自謂我功德
多遣或亦多彼劣於我所以有此分別慢者
以其先有煩惱遣之未盡故有我人等見明

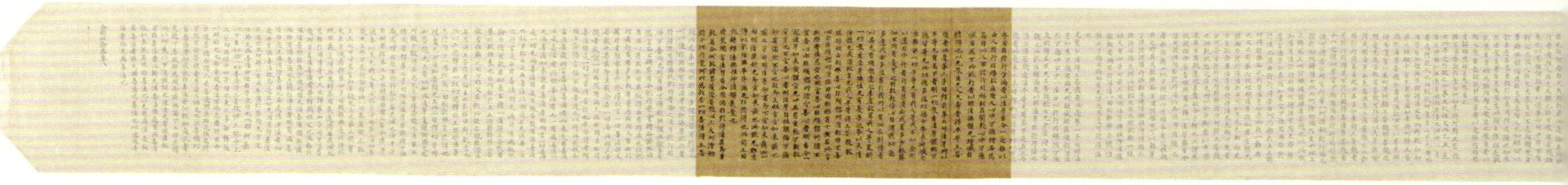

勝鬘經云剎那善心非煩惱所染剎那不善
心亦非煩惱所染依西國剎那有十種名此言
剎那者憣為空也明空善心非煩惱所染不
空善心亦非煩惱所染空善心者明古今一
定法身如来藏體空无廿五有生死万相故
空言也不空善心者明法身自性體備万德
妙有湛然不空也故即上經言空如来藏也
前二子句明法身妙有即不空如来藏此一
句明法身妙无即空如来藏也此就无鄣清
淨以彰法佛平等滿是非修得也此前三句
死轉釋法佛性淨涅槃義竟也
時衆聞言法身古今圓滿非修得法乘即生
疑若尒何故諸菩薩發菩提心三大阿僧祇
修十地行竟何所為故荅一切善法得三菩

修十地行竟何所為故答一切善法得三菩
提此是第四句明報佛方便涅槃有修得也
所以攝報佛明有修得者然報佛要就行者
修得現用時語既就行者論之便有修行因
緣方善滿是則有法可得前但攝性體本有
為言而不辯其用今就行者會時而語佛性
有用以有用不用異故得云有增減也復就
行者斷或有多少故有憂劣不同凡聖兩別
攝行者顯報有於修得故言一切善法得三
菩提也乘茲即生疑念若一切善法得三菩
提者疑謂一切名濫有漏无漏世間出世間
善法俱是一切可皆得菩提也若皆得者何
故上論偈言福不趣菩提也以斷此疑故答
言須菩提所言善法善法者如來說非善法
名是善法者此明善法有二一有漏善法二

是一切无漏善法非是不趣菩提有漏善法
也故下句云是名善法此明是名无漏善法
亦得言是名非善法明无漏非有漏故也
論曰復有疑若如来不得一法得三菩提者
舉所疑經来也云何離於上上證轉轉得三菩
提者作難也自下經文爲斷此疑亦現非證法
名爲得三菩提者論主略引經中斷疑意也
此以二偈釋兹一段初偈釋前三句明法身
无修得下一偈釋後一句明報佛有修得也
彼處无少法知菩提无上此二句釋初子句
知菩提无上者以知彼法身處體相滿是无
所缺少故得名爲无上最勝菩提也法界不
增減者釋第二子句明此法身非修得方滿
名爲增亦非不修行故少名爲減也淨平等

BD00054　金剛仙論卷八

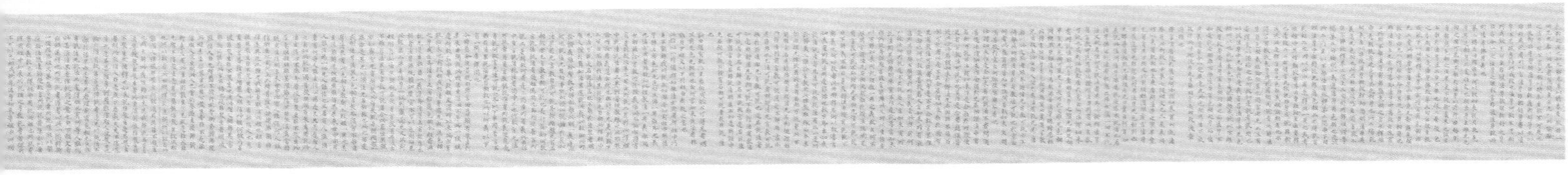

名為增亦非不修行故少名為滅世淨平等
目相者釋第三子句明法佛體上古今清淨
從本以來无我人等或故言淨也第二句知菩
提无上依下長行論釋此一句義通前三故
上三句下皆應言知菩提无上世第二偈有
无上方便者釋第四子句明報佛是修得就
現用義邊得名為增未用義邊得名為滅世
及離於漏法等下三句釋第四子句下須菩
提所言善法善法者等釋疑經文世及離於
漏法者明報佛方便之因无漏善法體離諸
漏非有漏善法也是故非淨法者明有漏善
法非是无漏清淨善法也即是清淨法者如
是非有漏善法故即是出世无漏清淨善法
方便因世何得以有漏善法於菩提无方便
[illegible]

五子句解經中四子句也先次第解釋後
以經結之也餘菩提善法不滿足者謂因中
方便菩提亦謂二乘菩提體未滿足須更修
習故言餘菩提者善法不滿足也須菩提所
言善法者如來說非善法等何故如是說者
先提下荅疑經為問即牒後偈下三句為釋
此以何義以下復設問也彼法无有漏法故
名非善法者此解无漏善法非是有漏善法
故如來說名為非善法也以无有漏法是故
名善法者解无漏善法為善法也以決定善
法者結无漏善法也

金剛仙論卷第八

金剛仙論卷第八

BD00054　金剛仙論卷八

BD00055 沙彌威儀

（南朝宋）求那跋摩 譯

367cm × 25.3cm

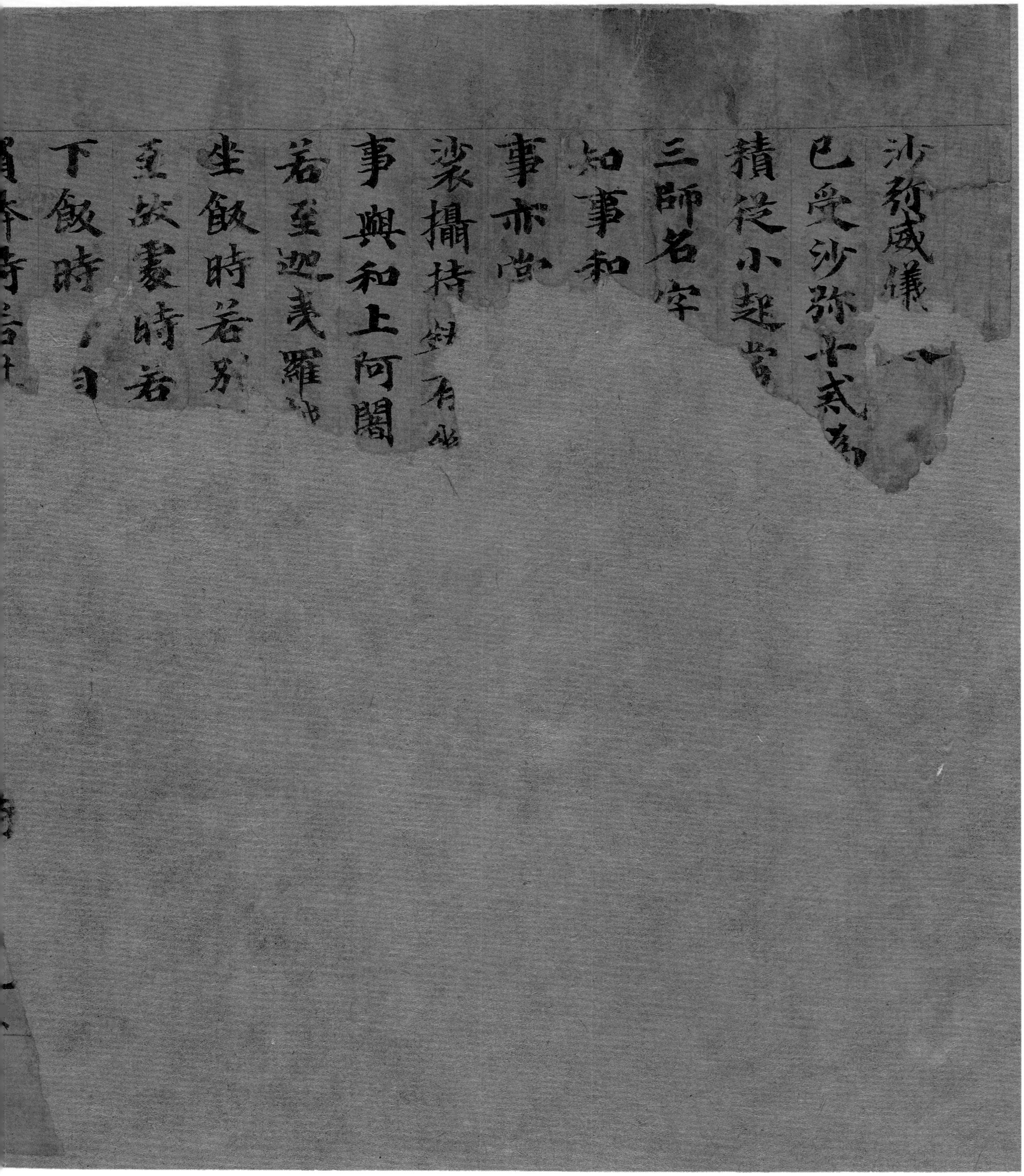

沙彌威儀一
已受沙彌十戒當
積從小起當
三師名字
知事和
事亦當
衆攝持無有出
事與和上阿闍
若至迦羅越
坐飯時若別
至故處時若
下飯時
食時若

法日[illegible]鉢[illegible]……[illegible]作直日
時有當知有幾事……式時習悉當
知之設爲賢者比……主者不應與
具足戒何以故作沙……所施行
沙門事大難作甚……且去熟
學當悉閑知乃應……不知沙弥
事悉者俱来諦……故不知不伏意耳而
返欲返受具足以……御具足戒人謂佛法
易行沙門易作……追致深罪福運行法
律文耳以是日中數……是故當先門設其
主具對能如法者……多得師教沙弥有五
事一者當敬大沙……不得喚大沙門字
三者大沙門說戒經不得盜聽四者不得求
大比丘長短五者……誤時不得轉行說
是爲威儀法

是為威儀法
當教行五事一者不得於屏處罵大比丘二
者不得輕易大比丘於前戲咲效其語言形
相行步三者見大比丘過則當　若讀經
若飯時者作衆事亦應起四者　與大比丘
相逢當心住下道避之五者若調戲若見大
比丘即當心謝言不及是為施行所應尒
沙彌事和上有十事一者當早起二者欲入
戶當先三彈指三者具楊枝澡水四者當授
袈裟却授履五者掃地更益澡水六者當辟
掃拭牀席七者師未還不得中捨戶去師還
逢取袈裟內襞之八者若有過和上阿闍梨
教戒之不得還逢語九者當低頭受師語去
當思惟念行之十者出戶當還牽戶閉之是
為事和上法

當如視我二者不得調戲三者設呵罵汝不
得還語四者若使出不淨器不唾不得惡
恚五者暮宿當案摩之是為事阿闍梨法也
沙弥事師當早起具楊枝澡水有六事一者
斷析楊枝當隨度二者當破頭三者當澡使
淨四者當易故宿水五者當淨澡灌六者當
滿中水持入不得使有聲是為給楊枝澡水
法
授袈裟有四事一者當徐徐一手捉下授之
二者當次視上下三者當正住持師衣已四
者當上著肩上是為袈裟法疊袈裟有四事
一者當視上下二者不得使著地三者當著
常處四者還覆上是為疊袈裟法
持鉢有四事一者當令淨二者拭令燥三者

BD00055　沙彌威儀

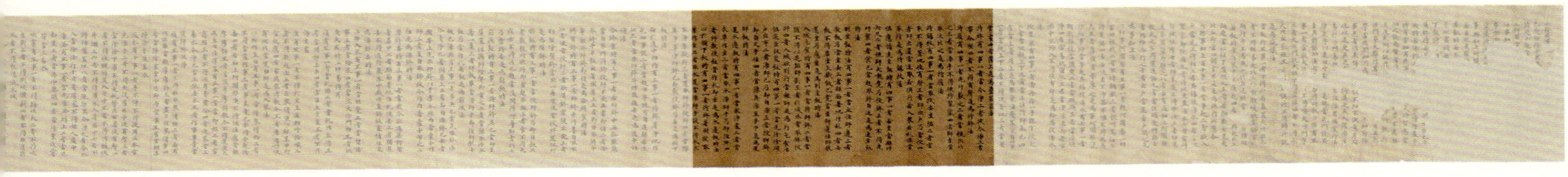

常處四者覆上是為疊袈裟法
持鉢有四事一者當令淨二者拭令燥三者
帶令堅四者不得有聲是為持鉢法
持履有四事一者先斗藪之二者當視次比
之三者當澡手不得便持袈裟四者師坐當
取次比之是為持履法
持錫杖有四事一者當取拭去生垢二者當
取不得著地使有聲三者師出户乃當授四
者師出還當迎取若俱行若入衆若礼佛當
取持是為持錫杖法
俱應請連坐飯時有四事一者若坐當離師
六尺二者視師大嚫竟乃授鉢三者不得先
師食四者食已當起取鉢自近是為連坐飯
時法

者食不當[illegible]起當作礼四者去
飯不得居坐上戲飯已竟當至師邊住師教
還坐乃應坐是為別坐飯時法
入城乞食時有四事一者當持師鉢二者當
隨不得以足蹈師影三者於城外當取鉢授
師四者入城欲別行當報師是為行乞食法
俱還至故處飯時有四事一者當先徐徐開
户出布二者澡師已乃却自澡三者授師鉢
却自叉手住四者當豫具澡豆手巾是為還
師飯時法
還水邊飯時有四事一者當求淨處二者當
求草作坐三者當取水澡師手乃却授鉢四
者師教使飯當作礼却坐是為水邊飯時法
心於樹下飯時有四事一者持鉢著樹枝取
葉作坐二者取水還當澡師手設不得水求

止於樹下飯時有四事一者持鉢著樹枝取
葉作坐二者取水還當澡師手設不得水求
取淨草授師三者還取師鉢授師四者當豫
具淨草淨師鉢已却熟拭鉢乃去是為樹下
飯時法
住於道中相侍有三事一者持鉢著淨地作
礼如事説二者當視日早晚可自還歸若道
止三者當取師鉢并持隨後去是為道中相
侍法
合鉢食時有三事一者若師鉢中無酪蘇漿
當自取所得鉢授師不受且當却住二者徐
取鉢中半飯出著樹葉上三者却自取鉢中
半飯并師鉢却住是為合鉢食時法
轉賀鉢時有三事一者師鉢中得善自取不
可更當受師二者次賀本當護不受三者

是為賀鉢時法
對飯時有三事一者當授師鉢乃却自飯二
者數視所欲得即當起取與三者食不得大
疾亦不得後已起當復問得何等師言持去
乃當持去是為對飯時法
前後飯時有三事一者持師鉢具已當却至
屛處住聽師呼聲即當之二者當豫取澡水
著一邊三者師飯畢當澡師手却住師教去
飯乃當作礼去飯是為前後法
飯已澡漱有三事一者澡漱已當先取鉢澡
令清淨已著樹葉上二者却自澡鉢已亦著
樹葉上先取師鉢以手摩令燥内著囊中付
師三者還自取鉢拭令燥内著囊中帶之上
住是為澡鉢時法

師三者還自取鉢拭令燥内著囊中帶之上
住是為澡鉢時法
澡鉢去時有三事一者言我今欲過某許賢
者某甲二者頭面著地作礼便去三者獨還
去不得過餘聚落中戲唉直歸故處讀經是
為澡鉢去時法
沙弥入衆有五事一者當眠覺二者當習諸
事三者當給衆四者當授大沙門物五者欲
受大戒時三師易得耳
復有五事一者當礼佛二者當礼比丘僧三
者當問訊上坐四者當留上坐處五者不得
諍坐處
復有五事一者不得於坐上遙相呼語唉二
者不得數起出三者若衆僧喚沙弥某甲即

者所作當還

沙彌作直日有五事一者當惜衆僧物二者
不得當道作事三者事未竟已不得中起捨
去四者若和上阿闍梨喚不得便往應當報
摩摩諦五者當隨摩摩諦教令不得違戾是
爲直日法擇菜有五事一者當却根二者當
齊頭三者不得使有青黃合四者洗菜當三
易水令淨已當三振去水五者作事畢竟當
還掃除使淨
復有五事一者不得私取衆僧物二者若有
所欲取當報摩摩諦三者盡力作衆僧事四
者當掃除食堂中乃却布空案五者當朝暮
掃除舍後益水
汲水有十事一者手不淨不得便用汲水當
先澡手二者不得大投灌井中使有聲三者

先澡手二者不得大投灌井中使有聲三者
當徐徐下灌不得大桃擊左右著使有聲四
者不得使繩頭還入井中五者不得持腹伏
井攔上六者不得持灌水入著釜中七者不
得持灌置地八者當洗澡器令淨九者舉水
入當徐徐行十者著屏處不得妨人道中
澡釜有五事一者當先澡釜鍚上二者當洗
餅裹三者當澡中要腹四者當澡裹底五者
皆當三易水
吹竈有五事一者不得蹲吹火二者不得吹
生新三者不得倒吹濕薪四者不得然腐薪
五者不得熱湯澆火滅
掃地有五者一者順行二者灑地不得有厚
薄三者不得汙濺四辟四者不得蹈濕上壞
地五者掃一却當自擇棄之

以上作飯食汲水掃地布五事一者去衣二
者不得桃擗手三者過六人止作一聚四者
悲掃遍為善五者即當自手除持出棄之
持水澡灌寫水有五事一者一手持上一手
持下不得轉易二者當近左面豎持直視前
三者當視人手澆下水不得多亦不得少正
當投人手中四者下水當去人手四寸不得
高不得下當相視水多少設水少不能足一
人當益不得住人手五者已澡手還著袈裟
持澡鉢有五事一者不得使鉢有聲二者當
兩手堅持當倚右面三者當隨人手高下不
得左右顧視四者澡鉢中滿當出棄之不得
澆人前地五者已當過澡手還著袈裟
手巾有五事一者當右手持上左手持下一
頭授人二者當去坐二尺不得前倚人膝三

頭授人二者當去坐二尺不得前倚人膝三
者當持巾隨郭人口四者人拭未放巾不得
引去已下竟當報主若著故處五者已當澡
手還著袈裟
授履有五事一者當先升藪去中所有二者
當從上起三者當隨澡鉢後亦主令自識四
者不得持左著右皆當下竟沙弥五者已竟
當還澡手還著袈裟
沙弥鉢有七事一者鉢中有餘飯不得便取
棄之二者欲棄飯當著淨地三者當用澡豆
若果葉四者澡鉢不得於淨地當人道中五
者澡鉢當使下有枝六者當更淨水水不遠
棄汙澱人地七者欲倒棄鉢中當去地四寸
不得高下
[illegible]

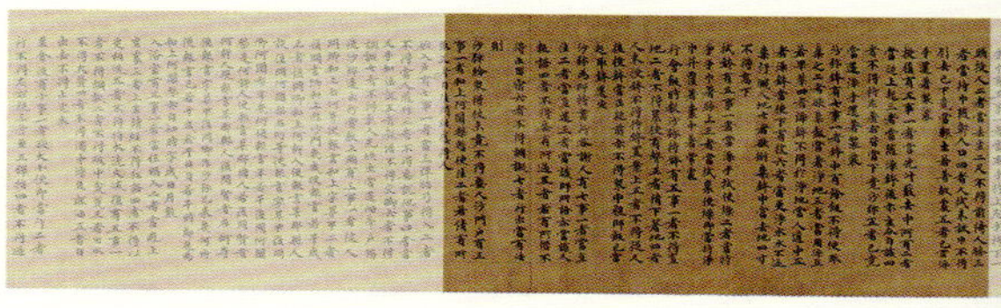

巾并覆著囊中著常處
行會飯時教沙弥持鉢有五事一者不得置
地二者不得累使有聲三者倩下著地四者
人未授鉢不得持鉢置案上五者不得從人
後授鉢當正從前亦不得衆中視師飯已當
起取鉢還坐
沙弥為師持書行荅謝人有七事一者當直
往二者當直還三者當識師所語亦當識人
報語四者不得妄有所過五者若有所借不
得止留宿六者不得調譺七者行出當有法
則
沙弥給衆僧使未竟不得妄入沙門戶有三
事一者和上阿闍梨暫使往二者若倩有所

BD00055　沙彌威儀

事一者和上阿闍梨輒使往二者若倩有所
取三者自往問經應得人
欲入户有七事一者當三彈指乃得入二者
不得當人道作三者不得妄説他事四者當
叉手如法説五者教倨不得交脚六者不得
調譺七者不得棄人先欲出當還向户攝
使沙弥遠出行當教上頭有三事一者彼人
問卿和上名何等便報言和上字某甲二者
復問言卿和上作沙門幾歲便報言若干歲
三者復問卿和上何許人便報言某郡縣人
設復問阿闍梨名何等便報言字某甲復問
卿阿闍梨年幾何便報言年若干復問阿闍
梨是何許人便報言某郡國人若復問賢者
何許人便報言某郡縣人復問賢者名何等
便報言某甲復問卿[illegible]

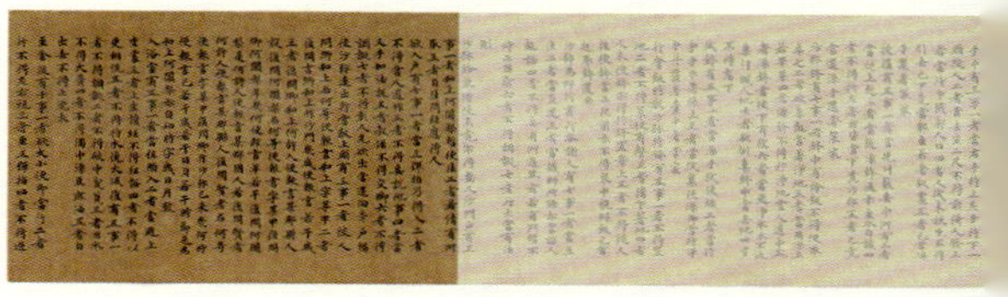

和上阿闍梨亦自知時字歲日月數
入浴室有五事一者當低頭入二者當避上
坐處三者上坐讀經不得狂語四者不得以
更相洗五者不得持水澆火滅復有五事一
者不得調戲二者不得破中瓮瓮三者用水
不得大費四者不得濁中澡豆麻油五者自
出去不得止浣衣
至舍後有十事一者欲大小便即當行二者
行不得左右視三者至三彈指四者不得過

BD00056 摩訶般若波羅蜜經（异卷）卷一一

（後秦）鳩摩羅什 譯

658.2cm × 26.4cm

如說我名字我畢竟不生如我說
法亦如是无自性何等色畢竟不生何等受
想行識畢竟不生須菩提何因緣故言畢竟
不生不名為色畢竟不生不名為受想行識
須菩提何因緣故言若畢竟不生法當教是
般若波羅蜜那須菩提何因緣故言離
不生亦无菩薩行阿耨多羅三藐三菩提
菩提何因緣故言若菩薩聞作是說心不沒
不悔不驚不怖不畏若能如是行是名菩薩
摩訶薩行般若波羅蜜爾時須菩提報舍利
弗言衆生无所有故菩薩前際不可得衆生
空故菩薩前際不可得衆生離故菩薩前際
不可得舍利弗色无有故菩薩前際不可得
受想行識无有故菩薩前際不可得色空故

菩薩前際不可得受想行識空故菩薩前際不
可得色離故菩薩前際不可得受想行識離
故菩薩前際不可得舍利弗色性无故菩薩
前際不可得受想行識性无故菩薩前際不
可得舍利弗檀波羅蜜无有故菩薩前際不
可得尸羅波羅蜜羼提波羅蜜毗梨耶波羅
蜜禪波羅蜜般若波羅蜜无有故菩薩前際
不可得何以故舍利弗空中前際不可得後
際不可得中際不可得空不異菩薩菩薩不
異前際舍利弗空菩薩前際是諸法无二无
别以是因緣故舍利弗菩薩前際不可得舍
利弗檀波羅蜜空故檀波羅蜜離故檀波
羅蜜性无故菩薩前際不可得尸羅波羅
蜜羼提波羅蜜毗梨耶波羅蜜禪波羅蜜
般若波羅蜜空故般若波羅蜜離故般若

蜜羼提波羅蜜毗梨耶波羅蜜禪波羅蜜
般若波羅蜜空故般若波羅蜜離故般若
波羅蜜性无故菩薩前際不可得何以故舍
利弗空中前際不可得後際不可得中際不
可得空不異菩薩々々不異前際舍利弗空菩
薩前際无二无別以是因緣故舍利弗菩薩
前際不可得復次舍利弗內空无所有故菩
薩前際不可得乃至无法有法空无所有故
菩薩前際不可得內空空故內空離故內空
性无故乃至无法有法空空故離故性无故
菩薩前際不可得餘如上說復次舍利弗四
念處无所有故菩薩前際不可得四念處空
故離故性无故菩薩前際不可得乃至十八
不共法无所有故菩薩前際不可得十八不

得復次舍利弗一切三昧門一切陀隣尼門
无有故菩薩前際不可得三昧門陀隣尼門
空故離故性无故菩薩前際不可得餘如上
說復次舍利弗法性无有故菩薩前際不可
得法性空故離故性无故菩薩前際不可得
餘如上說復次舍利弗如无有故空故離故
性无故實際无有故空故離故性无故不可
思議性无有故空故離故性无故菩薩前際
不可得餘如上說復次舍利弗聲聞无有故
菩薩前際不可得聲聞空故離故性无故菩
薩前際不可得辟支佛无有故空故離故性无
故菩薩前際不可得佛无有故空故離故性
无故菩薩前際不可得阿耨多羅三藐三菩
提无有故乃至性无故菩薩前際不可得復

无故菩薩前際不可得何耨多羅三藐三菩
提无有故乃至性无故菩薩前際不可得復
次一切種智无有故乃至性无故菩薩前際不
可得何以故舍利弗空前際不可得後際
不可得中際不可得菩薩不可得舍利弗空
不異菩薩々々不異前際空菩薩前際是諸法
无二无別以是因緣故舍利弗菩薩前際不
可得後際不可得中際々々如是如舍利弗言
色无邊故當知菩薩々々无邊受想行識无邊
故當知菩薩々々无邊舍利弗色如虛空受想
行識如虛空何以故舍利弗如虛空邊不可
得中不可得无邊无中故但說名虛空如是舍
利弗色邊不可得中不可得是色空故空中
々无有邊々无中受想行識邊不可得中不

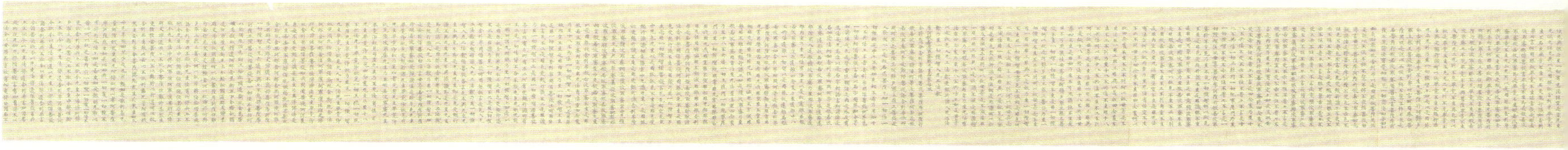

行識无邊故當知菩薩亦无邊乃至十八不
共法亦如是如舍利弗言色是菩薩是亦不
可得受想行識是菩薩是亦不可得舍利弗
色色相空受想行識識相空檀波羅蜜檀波
羅蜜相空乃至般若波羅蜜亦如是內空內
空相空乃至无法有法空无法有法空相空
四念處四念處相空乃至十八不共法十八
不共法相空如法性實際不可思議性不可
思議性相空三昧門三昧門相空陁羅尼門
陁羅尼門相空一切智一切智相空道智道
智相空一切種智一切種智相空聲聞乘聲
聞乘相空辟支佛乘辟支佛乘相空佛乘佛乘
相空聲聞人聲聞人相空辟支佛辟支佛相空
佛佛相空空中色不可得受想行識不可得

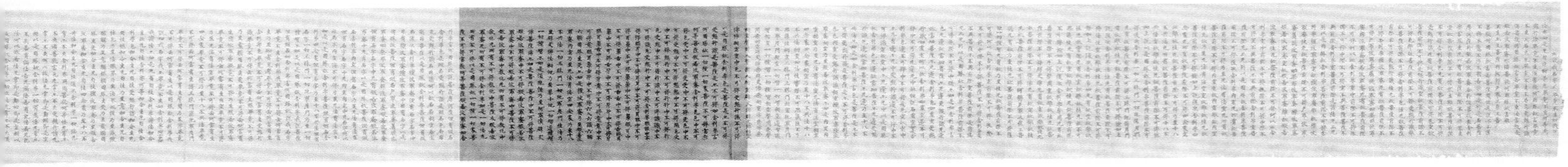

相空聲聞人聲聞人相空辟支佛辟支佛相空
佛佛相空空中色不可得受想行識不可得
以是因緣故舍利弗色是菩薩是亦不可得
受想行識是菩薩是亦不可得如舍利弗言
何因緣故一切種一切處菩薩不可得當教
何等菩薩般若波羅蜜舍利弗色色中不可
得色受中不可得受受中不可得受色中不
可得受想中不可得想想中不可得想色受
中不可得想行中不可得行行中不可得行
色受想中不可得行識中不可得識識中不
可得識色受想行中不可得舍利弗眼眼中不
得得眼耳中不可得耳耳中不可得耳眼中不可
得耳鼻中不可得鼻鼻中不可得鼻眼耳中
不可得鼻舌中不可得舌舌中不可得舌眼耳

可得意眼耳鼻舌身中不可得六入六識六觸
六觸因緣生受ゝ如是檀波羅蜜乃至般若波
羅蜜内空乃至无法有法空四念處乃至十八
不共法一切三昧門一切陁羅尼門性法乃
至辟支佛法初地乃至第十地一切智道種智
一切種智ゝ如是須陁洹乃至阿羅漢辟支
佛菩薩佛ゝ如是菩薩ゝ中不可得菩薩
般若波羅蜜中不可得般若波羅蜜般若波
羅蜜中不可得般若波羅蜜中菩薩不可得
般若波羅蜜中教化无所有不可得教化中
教化无所有不可得教化中菩薩及般若波
羅蜜无所有不可得舍利弗如是一切法无
所有不可得以是因緣故一切種一切處菩
薩不可得當教何等菩薩般若波羅蜜如舍

亦有不可得以是因緣故一切種一切處菩
薩不可得當教何等菩薩般若波羅蜜如舍
利弗言何因緣故說菩薩摩訶薩但有假名
舍利弗色是假名受想行識是假名色名非
色受想行識名非識何以故名名相空若空
則非菩薩以是因緣故舍利弗菩薩但有假
名復次舍利弗檀波羅蜜但有名字名字中
非有檀波羅蜜檀波羅蜜中非有名字以是
因緣故菩薩但有假名尸羅波羅蜜羼提波
羅蜜毗梨耶波羅蜜禪波羅蜜般若波羅蜜
但有名字名字中无有般若波羅蜜般若波
羅蜜中无有名字以是因緣故菩薩但有假
名舍利弗內空但有名字乃至无法有法空
但有名字名字中无內空內空中无名字何以

如是以是因緣故舍利弗菩薩但有假名
利弗四念處但有名字乃至十八不共法但有
名字一切三昧門一切陁羅尼門乃至一切
種智亦如是以是因緣故舍利弗我說菩薩
但有假名如舍利弗言何因緣故說我名字
畢竟不生舍利弗我畢竟不可得云何當有
生乃至知者見者畢竟不可得云何當有生
舍利弗色畢竟不可得云何當有生受想行
識畢竟不可得云何當有生眼畢竟不可得
乃至意觸因緣生受畢竟不可得云何當有
生檀波羅蜜畢竟不可得乃至般若波羅蜜
畢竟不可得云何當有生內空畢竟不可得
乃至无法有法空畢竟不可得云何當有生
四念處畢竟不可得乃至十八不共法畢竟
不可得云何當有生諸三昧門諸陁羅尼門

不可得云何當有生諸三昧門諸陁羅尼門
畢竟不可得云何當有生聲聞乃至佛畢竟
不可得云何當有生以是因緣故舍利弗我
說如我名字我〻畢竟不生如舍利弗所言如
我諸法〻如是无有自性舍利弗諸法和合
生故无自性舍利弗何等和合生无自性舍
利弗色和合生无自性受想行識和合生无
自性眼和合生无自性乃至意和合生无自
性色乃至法眼界乃至法界地種乃至識種
眼觸乃至意觸眼觸因緣生受乃至意觸因
緣生受和合生无自性檀波羅蜜乃至般若
波羅蜜和合生无自性四念處乃至十八不
共法和合生无自性復次舍利弗一切法无
常〻不失舍利弗問須菩提何等法无常〻

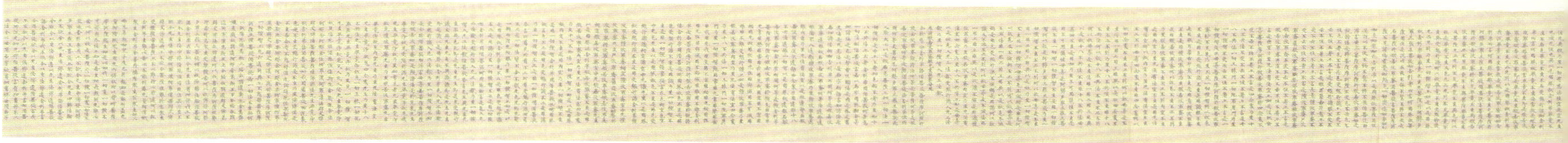

相以是因緣故舍利弗一切有為法无常亦
不失若有漏法若无漏法若有記法若无記
法何以故若法无常即是動相即是空相以
是因緣故舍利弗一切作法无常亦不失復
次舍利弗一切法非常非滅舍利弗言何等
法非常非滅須菩提言色非常非滅何以故
性自尒受想行識非常非滅何以故性自尒
乃至意識因緣生受非常非滅何以故性自
尒以是因緣故舍利弗諸法和合生无自性
如舍利弗所言何因緣故色畢竟不生受想
行識畢竟不生須菩提言色非作法受想行
識非作法何以故作者不可得故舍利弗眼
非作法何以故作者不可得故乃至意亦如
是眼觸乃至意觸因緣生受亦如是復次舍

非住法何以故住者不可得故乃至意亦如
是眼界乃至意觸因緣生受亦如是復次舍
利弗一切諸法皆非起非住何以故住者不
可得故以是因緣故舍利弗色畢竟不生受
想行識畢竟不生如舍利弗所言何因緣故
畢竟不生是不名為色畢竟不生是不名為
受想行識須菩提言色性空是空无生无滅
无住无異受想行識性空是空无生无滅无
住无異眼乃至一切有為法性空是空无生
无滅无住无異以是因緣故舍利弗畢竟不
生不名色畢竟不生不名受想行識如舍利
弗所言何因緣故畢竟不生法當教是般若
波羅蜜那須菩提言畢竟不生即是般若波
羅蜜般若波羅蜜即是畢竟不生般若波羅

利弗所言何因緣故離畢竟不生无菩薩行
阿耨多羅三藐三菩提須菩提言菩薩摩訶
薩行般若波羅蜜時不見畢竟不生與般若
波羅蜜〻不見畢竟不生與菩薩畢竟不生
及菩薩无二无別不見畢竟不生與色何以
故是畢竟不生及色无二无別不見畢竟不
生與受想行識何以故畢竟不生受想行識
无二无別乃至一切種智〻如是以是因緣
故舍利弗離畢竟不生无菩薩行阿耨多
羅三藐三菩提如舍利弗所言何因緣故菩
薩聞作是說心不沒不悔不驚不怖不畏是
名菩薩行般若波羅蜜須菩提言菩薩摩訶
薩不見諸法有覺知想見一切諸法如夢如幻
如炎如影如化舍利弗以是因緣故菩薩聞作

BD00056　摩訶般若波羅蜜經（异卷）卷一一

如炎如影如化舍利弗以是因緣故菩薩聞作
是說心不沒不悔不驚不怖不畏須菩提白
佛言世尊菩薩摩訶薩行般若波羅蜜如是
觀諸法是時菩薩摩訶薩不受色不示色不
住色不著色不言是色受想行識亦不受不
示不住不著亦不言是受想行識眼不受不
示不住不著亦不言是眼耳鼻舌身意亦不
受不示不住不著亦不言是意檀波羅蜜不
受不示不住不著亦不言是檀波羅蜜尸波
羅蜜羼提波羅蜜毗梨耶波羅蜜禪波羅蜜
般若波羅蜜不受不示不住不著亦不言是
般若波羅蜜內空不受不示不住不著亦不
言是內空乃至无法有法空亦如是復次世
尊菩薩摩訶薩行般若波羅蜜時四念處不

八不共法一切三昧門一切陁羅尼門乃至
一切種智不受不示不住不著亦不言是一
切種智復次世尊菩薩摩訶薩行般若波羅
蜜時不見色乃至不見一切種智何以故色
不生是非色受想行識不生是非識眼不生
是非眼耳鼻舌身意不生是非意檀波羅蜜
不生是非檀波羅蜜乃至般若波羅蜜不生
是非般若波羅蜜何以故色不生不二不別
乃至般若波羅蜜不生不二不別內空不生
是非內空乃至无法有法空不生是非无法
有法空何以故內空乃至无法有法空不生
不二不別世尊四念處不生非四念處何以
故四念處不生不二不別何以故世尊是不
生法非一非二非三非異以是故四念處不

故四念處不生不二不別何以故世尊是不
生法非一非二非三非異以是故四念處不
生不二不別乃至十八不共法不生非十八
不共法何以故十八不共法不生不二不別
何以故世尊是不生法非一非二非三非異
以是故十八不共法不生非十八不共法世
尊如不生是非如乃至不可思議性不生是
非不可思議性世尊是阿耨多羅三藐三菩
提不生一切智一切種智不生是非一切種
智何以故是阿耨多羅三藐三菩提乃至一
切種智不生不二不別何以故世尊是不生
非一非二非三非異以是故乃至一切種智
不生非一切種智世尊色不滅相是非色何
以故色及不滅相不二不別何以故世尊是
不滅非一非二非三非異以是故色不滅

識及不滅不二不別何以故世尊是不滅法非
一非二非三非異以是故識不滅是非識檀
波羅蜜乃至般若波羅蜜內空乃至无法有
法空四念處乃至十八不共法亦如是世尊
以是故色入无二法數受想行識入无二法
數乃至一切種智入无二法數

摩訶般若波羅蜜經无生品第廿五

尒時慧命舍利弗語須菩提菩薩摩訶薩行
般若波羅蜜觀諸法何等是菩薩何等是般
若波羅蜜何等是觀須菩提語舍利弗汝所
問何等是菩薩爲阿耨多羅三藐三菩提是
人發大心以是故名爲菩薩亦知一切法一
切種相是中亦不著知色相不著乃至知十
八不共法亦不著舍利弗問須菩提何等爲

切種相是中亦不著知色相不著乃至知十
八不共法亦不著舍利弗問須菩提何等爲
一切法相須菩提言若以名字因緣和合等
知諸法是色是聲香味觸法是內是外是有
爲法是无爲法以是名字相語言知諸法是
名知諸法相如舍利弗所問何等是般若波
羅蜜遠離故名般若波羅蜜何等法遠離遠
離陰界入遠離檀波羅蜜乃至禪波羅蜜遠
離內空乃至无法有法空以是故遠離名般
若波羅蜜復次遠離四念處乃至遠離十八
不共法遠離一切智以是因緣故遠離名般
若波羅蜜如舍利弗所問何等是觀舍利弗
菩薩摩訶薩行般若波羅蜜時觀色非常非
无常非樂非苦非我非无我非空非不空非

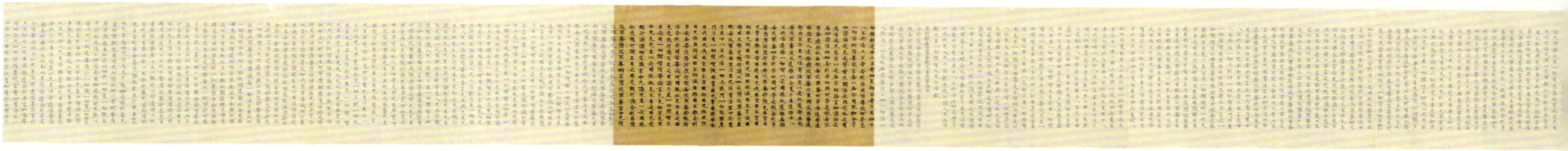

般若波羅蜜内空乃至无法有法空四念處
乃至十八不共法一切三昧門一切陁羅尼
門乃至一切種智觀非常非无常非樂非苦
非我非无我非空非不空非相非无相非作
非无作非寂滅非不寂滅非離非不離舍利
弗是名菩薩摩訶薩行般若波羅蜜時觀諸
法舍利弗問須菩提何因緣故色不生是非
色受想行識不生是非識乃至一切種智不
生是非一切種智須菩提言色色相空色空
中无色无生以是因緣故色不生是非色受
想行識識識相空識空中无識无生以是因緣
故受想行識不生是非受想行識舍利弗檀
波羅蜜檀波羅蜜相空檀波羅蜜空中无檀

波羅蜜檀波羅蜜相空檀波羅蜜空中无檀
波羅蜜无生尸波羅蜜羼提波羅蜜毗梨耶
波羅蜜禪波羅蜜般若波羅蜜般若波羅蜜
相空般若波羅蜜空中无般若波羅蜜无生
以是因緣故舍利弗般若波羅蜜不生是非
般若波羅蜜內空乃至无法有法空四念處
乃至十八不共法一切種智亦如是以是因緣
故內空不生是非內空乃至一切種智不生
是非一切種智舍利弗問須菩提汝何因緣
故言色不二是非色受想行識不二是非識
乃至一切種智不二是非一切種智須菩提
荅言所有色所有不二所有受想行識所有
不二是一切法皆不合不散无色无形无對
一相所謂无相眼乃至一切種智亦如是以

智舍利弗問須菩提何因緣故言是色入无
二法數受想行識入无二法數乃至一切種
智入无二法數須菩提荅言色不異无生无
生不異色色即是无生无生即是色受想行
識不異无生无生不異識識即是无生无生
即是識以是因緣故舍利弗色入无二法數
受想行識入无二法數乃至一切種智亦如
是尒時須菩提白佛言世尊若菩薩摩訶薩
行般若波羅蜜如是觀諸法是時見色无生
畢竟淨故見受想行識无生畢竟淨故見我
无生畢竟淨故乃至知者見者无生畢竟淨
故見檀波羅蜜无生乃至般若波羅蜜无生
畢竟淨故見內空无生乃至无法　有法　空
无生畢竟淨故見四念處无生乃至十八

畢竟淨故見内空无生乃至无法有法空
无生畢竟淨故見四念處无生乃至十八
不共法无生畢竟淨故見一切三昧一切陁
羅尼无生畢竟淨故乃至見一切種智
无生畢竟淨故見凡人凡人法无生畢竟淨
故見須陁洹須陁洹法斯陁含斯陁含法
阿那含阿那含法阿羅漢阿羅漢法辟支佛
辟支佛法菩薩菩薩法佛佛法无生畢竟淨
故舍利弗語須菩提如我聞須菩提所說義
色是不生受想行識是不生乃至佛佛法是
不生若尒者不應得須陁洹須陁洹果斯陁
含斯陁含果阿那含阿那含果阿羅漢阿羅
漢果辟支佛辟支佛道不應得菩薩摩訶薩
一切種智亦无六道別異亦不應得菩薩摩
訶薩道[illegible]

嫚恚癡故脩道阿那含為斷五下分結故脩
道阿羅漢為斷五上分結故脩道辟支佛為
辟支佛法故脩道何以故菩薩摩訶薩作難
行苦行為衆生受種種苦何以故佛得阿耨
多羅三藐三菩提何以故佛轉法輪須菩提
語舍利弗我不欲令无生法有所得我亦不
欲令无生法中得須陁洹須陁洹果乃至不
欲令无生法中得阿羅漢阿羅漢果辟支佛
辟支佛道我亦不欲令菩薩作難行為衆生
受種種苦菩薩亦不以難行心行道何以故
舍利弗生難心苦心不能利益无量阿僧祇
衆生舍利弗令菩薩憐愍衆生於衆生如父
母兄弟想如兒子及已身想如是能利益无
量阿僧祇衆生用无所得故

世界衆想如衆生已身想如是能利益无
量阿僧祇衆生用无所得故所以者何菩薩
摩訶薩應生如是心如我一切處一切種不
可得內外法亦如是若生如是想則无難心
苦心何以故是菩薩於一切種一切處一切法不
受故舍利弗我亦不欲令无生中佛得阿耨
多羅三藐三菩提亦不欲令无生中轉法輪
亦不欲令以无生法得道舍利弗語須菩提
令欲令以生法得道以无生法得道須菩提
語舍利弗我不欲令以生法得道舍利弗言
令須菩提欲令以无生法得道須菩提言我
亦不欲令以无生法得道舍利弗言如須菩
提所說无知无得須菩提言有知有得不以
二法令以世間名字故有知有得世間名字
故有須陀洹乃至阿羅漢辟支佛佛一

提若世間名字故有知有得六道別異〻世
間名字故有非以第一實義耶須菩提言如
是如是舍利弗如世間名字故有知有得六
道別異〻世間名字故有非以第一實義何以
故舍利弗第一實義中无業无報无生无滅无
淨无垢舍利弗語須菩提不生法生生法生
須菩提言我不欲令不生法生〻不欲令生
法生舍利弗言何等不生法不欲令生須菩
提言色是不生法自性空不欲令生受想行
識不生法自性空不欲令生乃至阿耨多羅
三藐三菩提不生法自性空不欲令生舍利
弗語須菩提生生不生生須菩提言非生生〻
非不生生何以故舍利弗生不生是二法不

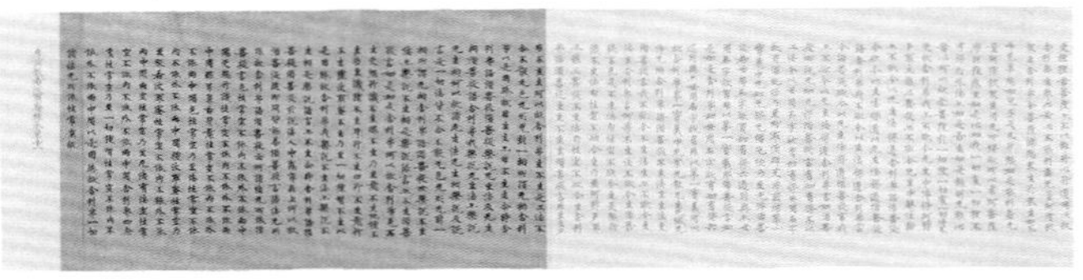

非不生生何以故舍利弗生不生是二法不
合不散无色无形无對一相所謂无相舍利
弗以是因緣故非生生亦非不生生尒時舍
利弗語須菩提須菩提樂說无生法及无生
相須菩提語舍利弗我樂說无生法亦樂說
无生相何以故諸无生法无生相樂說及說
言是一切法皆不合不散无色无形无對一
相所謂无相舍利弗語須菩提汝樂說不生
法亦樂說不生相是樂說語言亦不生須菩
提言如是如是舍利弗何以故舍利弗色不
生受想行識不生眼不生乃至意不生地種不
生乃至識種不生身行不生口行不生意行
不生檀波羅蜜不生乃至一切種智不生以
是因緣故舍利弗我樂說不生法亦樂說不

須菩提隨所問皆能荅須菩提言諸法无所
依故舍利弗語須菩提云何諸法无所依須
菩提言色性常空不依内不依外不依兩中
間受想行識性常空不依内不依外不依兩
中間眼耳鼻舌身意性常空不依内不依外
不依兩中間色性常空乃至法性常空不依
内不依外不依兩中間檀波羅蜜性常空乃
至般若波羅蜜性常空不依内不依外不依
兩中間内空性常空乃至无法有法空性常
空不依内不依外不依兩中間舍利弗四念
處性常空乃至一切種智性常空不依内不
依外不依兩中間以是因緣故舍利弗一切
諸法无所依性常空故

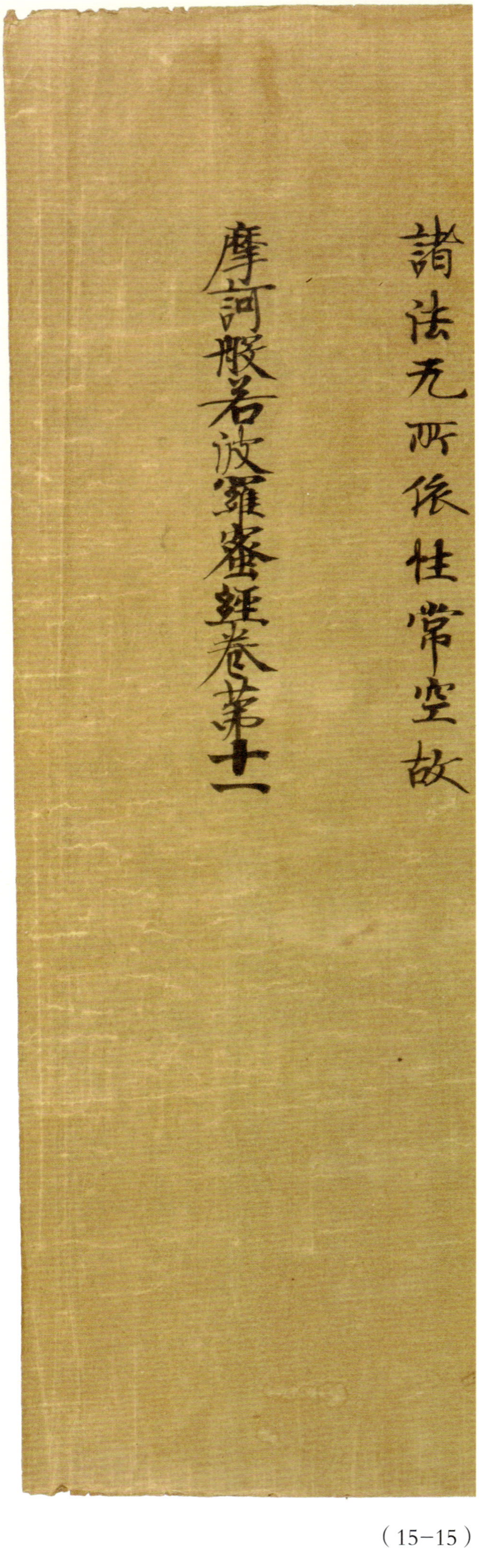
諸法无所依性常空故
摩訶般若波羅蜜經卷第十一

BD00057 維摩詰所說經卷下

（後秦）鳩摩羅什 譯

806.5cm×26cm

卷下

至此諸菩薩當於

而語言佛說八解脫

聞法乎若欲食者且

得未曾有食時維摩詰即入

力示諸大衆上方界分過卌二

土有國名衆香佛号香積今現在

其國香氣比於十方諸佛世界人天之香最

爲第一彼土无有聲聞辟支佛名唯有清淨

大菩薩衆佛爲說法其界一切皆以香作樓

閣經行香地苑園皆香其食香氣周流十方

无量世界時彼佛與諸菩薩方共坐食有諸

天子皆号香嚴悉發阿耨多羅三藐三菩

[illegible]
時維摩詰問衆菩薩諸仁者誰能致彼佛飯
以文殊師利威神力故咸皆嘿然維摩詰言
仁者此諸大衆无乃可耻文殊師利曰如佛所
言勿輕未學於是維摩詰不起于坐居衆會
前化作菩薩相好光明威德殊勝蔽於衆會
而告之曰汝往上方界分度如卌二恒河沙佛
土有國名衆香佛号香積與諸菩薩方共坐
食汝往到彼如我辭曰維摩詰稽首礼世尊
足下致敬无量問訊起居少病少惱氣力安
不願得世尊所食之餘當於娑婆世界施作
佛事令此樂小法者得弘大道亦使如來名
聲普聞時化菩薩即於會前昇于上方舉
衆皆見其去到衆香界礼彼佛足又聞其言

衆皆見其去到衆香界礼彼佛足又聞其言
維摩詰稽首世尊足下致敬无量問訊起居
少病少惱氣力安不願得世尊所食之餘欲
於娑婆世界施作佛事使此樂小法者得弘
大道亦使如來名聲普聞彼諸大士見化菩
薩歎未曾有今此上人從何所來娑婆世界
爲在何許云何名爲樂小法者即以問佛佛
告之曰下方度如卌二恒河沙佛土有世界
名娑婆佛号釋迦牟尼今現在於五濁惡世
爲樂小法衆生敷演道教彼有菩薩名維摩
詰住不可思議解脫爲諸菩薩說法故遣化來
稱揚我名并讚此土令彼菩薩增益功德彼
菩薩言其人何如乃作是化德力无畏神足
若斯佛言甚大一切十方皆遣化往施作佛

香飯與化菩薩時彼九百万菩薩俱發聲言
我欲詣娑婆世界供養釋迦牟尼佛并欲見
維摩詰等諸菩薩衆佛言可往攝汝身香
无令彼諸衆生起惑著心又當捨汝本形勿使
彼國求菩薩者而自鄙恥又汝於彼莫懷輕
賤而作礙想所以者何十方國土皆如虚空
又諸佛為欲化諸樂小法者不盡現其清淨
土耳時化菩薩既受鉢飯與彼九百万菩薩
俱承佛威神及維摩詰力於彼世界忽然不
現須臾之間至維摩詰舍維摩詰即化作九
百万師子之座嚴好如前諸菩薩皆坐其上
化菩薩以滿鉢香飯與維摩詰飯香普薰
毗耶離城及三千大千世界時毗耶離婆羅門

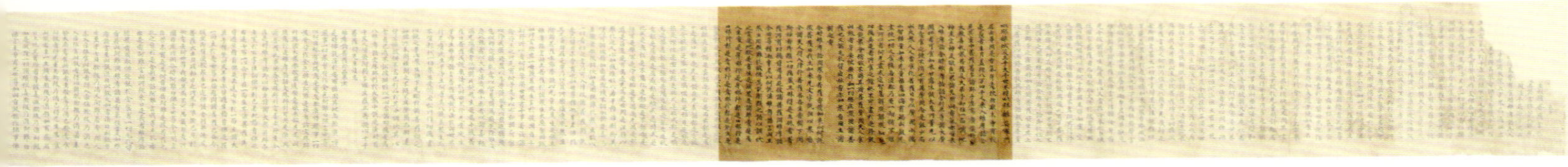

毗耶離城及三千大千世界時毗耶離婆羅門
居士等聞是香氣身意快然歎未曾有於
是長者主月蓋從八万四千人來入維摩詰舍
見其室中菩薩甚多諸師子座高廣嚴好皆
大歡喜礼衆菩薩及大弟子却住一面諸地
神虛空神及欲色界諸天聞此香氣亦皆來
入維摩詰舍時維摩詰語舍利弗等諸大聲
聞仁者可食如來甘露味飯大悲所薰无以
限意食之使不消也有異聲聞念是飯少而
此大衆人人當食化菩薩曰勿以聲聞小德
小智稱量如來无量福慧四海有竭此飯无
盡使一切人食揣若須弥乃至一劫猶不能
盡所以者何无盡戒定智慧解脫解脫知見
功德具足者所食之餘終不可盡於是鉢飯

此飯者身安快樂譬如一切樂莊嚴國諸菩
薩也又諸毛孔皆出妙香亦如衆香國土諸
樹之香
尒時維摩詰問衆香菩薩香積如來以何說
彼菩薩曰我土如來无文字說但以衆香
令諸天人得入律行菩薩各各坐香樹下聞
斯妙香即獲一切德藏三昧得是三昧者菩
薩所有功德皆悉具足彼諸菩薩問維摩詰
今世尊釋迦牟尼以何說法維摩詰言此土
衆生剛强難化故佛為說剛强之語以調伏
之言是地獄是畜生是餓鬼是諸難處是愚
人生處是身邪行是身邪行報是口邪行是
口邪行報是意邪行是意邪行報是殺生是

口邪行報是意邪行是意邪行報是煞生是
煞生報是不與取是不與取報是邪婬是邪
婬報是妄語是妄語是兩舌是兩舌報是惡
口是惡口報是无義語是无義語報是貪嫉
是貪嫉報是瞋惱是瞋惱報是邪見是邪見
報是慳悋是慳悋報是毀戒是毀戒報是瞋
恚是瞋恚報是懈怠是懈怠報是亂意是乱
意報是愚癡是愚癡報是結戒是持戒是
犯戒是應作是不應作是鄣礙是不鄣礙是
得罪是離罪是淨是垢是有漏是无漏是邪
道是正道是有為是无為是世間是涅槃以
難化之人心如猨猴故以若干種法制御其
心乃可調伏譬如爲馬儱悷不調加諸楚毒乃
[illegible]

是已皆曰未曾有也如世尊釋迦牟尼佛隱
其无量自在之力乃以貧所樂法度脫衆生
斯諸菩薩亦能勞謙以无量大悲生是佛土
維摩詰言此土菩薩於諸衆生大悲堅固誠
如所言然其一世饒益衆生多於彼國百千
劫行所以者何此娑婆世界有十事善法諸
餘淨土之所无有何等爲十以布施攝貧窮
以淨戒攝毀禁以忍辱攝瞋恚以精進攝懈
怠以禪定攝亂意以智慧攝愚癡説除難法
度八難者以大乘法度樂小乘者以諸善根
濟无德者常以四攝成就衆生是爲十彼菩
薩曰菩薩成就幾法於此世界行无瘡疣生
于淨土維摩詰言菩薩成就八法於此世界
行无瘡疣生于淨土何等爲八饒益衆生而

于淨土維摩詰言菩薩成就八法於此世界
行无瘡疣生于淨土何等為八饒益衆生而
不望報代一切衆生受諸苦惱所作功德盡
以施之等心衆生謙下无礙於諸菩薩視之
如佛所未聞經聞之不疑不與聲聞而相違
背不嫉彼供不高己利而於其中調伏其心
常省己過不訟彼短恒以一心求諸功德是為
八維摩詰文殊師利於大衆中說是法時百
千天人皆發阿耨多羅三藐三菩提心十千
菩薩得无生法忍

維摩詰菩薩行品第十一

是時佛說法於菴羅樹園其地忽然廣博
嚴事一切衆會皆作金色阿難白佛言世尊

利與諸大衆恭敬圍遶發意欲來故先爲此
瑞應於是維摩詰語文殊師利可共見佛與
諸菩薩礼事供養文殊師利言善哉行矣今
正是時維摩詰即以神力持諸大衆并師子
座置於右掌往詣佛所到已著地稽首佛足
右遶七帀一心合掌在一面立其諸菩薩即
皆避坐稽首佛足亦遶七帀於一面立諸大
弟子釋梵四天王等亦皆避坐稽首佛足在
一面立於是世尊如法慰問諸菩薩已各令
復坐即皆受教衆坐已定佛語舍利弗汝見
菩薩大士自在神力之所爲乎唯然已見於
汝意云何世尊我覩其爲不可思議非意所
圖非度所測尒時阿難白佛言世尊今所聞

BD00057　維摩詰所説經卷下

圖非度所測尒時阿難白佛言世尊今所聞言
自昔未有是爲何香佛告阿難是彼菩薩毛
孔之香於是舍利弗語阿難言我等毛孔亦
出是香阿難言此所從來曰是長者維摩詰
從衆香國取佛餘飯於舍食者一切毛孔皆
香若此阿難問維摩詰是香氣住當久如維
摩詰言至此飯消曰此飯久如當消曰此飯勢
力至于七日然後乃消又阿難若聲聞人
未入正位食此飯者得入正位然後乃消已
入正位食此飯者得心解脫然後乃消若未
發大乘意食此飯者至發意乃消已發意食
此飯者得无生忍然後乃消已得无生忍食
此飯者至一生補處然後乃消譬如有藥名
曰上味其有服者身諸毒滅然後乃消此飯

佛言未曾有也世尊如此香飯能作佛事佛
言如是如是阿難或有佛土以佛光明而作
佛事有以諸菩薩而作佛事有以佛所化人
而作佛事有以菩提樹而作佛事有以佛衣
服臥具而作佛事有以飲食而作佛事有以
園林臺觀而作佛事有以三十二相八十隨
形好而作佛事有以佛身而作佛事有以虛
空而作佛事衆生應以此緣得入律行有以
夢幻影響鏡中像水中月熱時焰如是等喻
而作佛事有以音聲語言文字而作佛事或
有清淨佛土寂寞无言无説无示无識无作
无爲而作佛事如是阿難諸佛威儀進止諸
所施爲无非佛事阿難有此四魔八万四千

所施爲无非佛事阿難有此四魔八万四千
諸煩惱門而諸衆生爲之疲勞諸佛即以此
法而作佛事是名入一切諸佛法門菩薩入
此門者若見一切淨妙佛土不以爲喜不貪
不高若見一切不淨佛土不以爲憂不礙不
沒但於諸佛生清淨心歡喜恭敬未曾有也
諸佛如來功德平等爲教化衆生故而現佛
土不同阿難汝見諸佛國土地有若干而虚
空无若干也如是見諸佛色身有若干耳其
无礙慧无若干也阿難諸佛色身威相種姓
戒定智慧解脫解脫知見力无所畏不共之
法大慈大悲威儀所行及其壽命說法教化
成就衆生淨佛國土具諸佛法悉皆同等是
[illegible]

能盡受正使三千大千世界滿中衆生皆如
阿難多聞第一得念揔持此諸人等以劫之
壽亦不能受如是阿難諸佛阿耨多羅三藐
三菩提无有限量智慧辯才不可思議阿難
白佛言我從今已往不敢自謂以爲多聞佛
告阿難勿起退意所以者何我說汝於聲聞
中爲最多聞非謂菩薩且止阿難其有智者
不應限度諸菩薩也一切海淵尚可測量菩
薩禪定智慧揔持辯才一切功德不可量也阿
難汝等捨置菩薩所行是維摩詰一時所現
神通之力一切聲聞辟支佛於百千劫盡力
變化所不能作
尒時衆香世界菩薩來者合掌白佛言世
尊我等初見此土生下劣想今自悔責捨離是心

BD00057　維摩詰所説經卷下

尒時衆香世界菩薩來者合掌白佛言世
尊我等初見此土生下劣想今自悔責捨離
是心所以者何諸佛方便不可思議為度衆生
故隨其所應現佛國異唯然世尊願賜少法
還於本土當念如來佛告諸菩薩有盡无
盡解脫法門汝等當學何謂為盡謂有為法
何謂无盡謂无為法如菩薩者不盡有為不
住无為何謂不盡有為謂不離大慈不捨大悲
深發一切智心而不忽忘教化衆生終不猒惓
於四攝法常念慎行護持正法不惜軀命
種諸善根无有疲猒志常安住方便迴向求
法不懈說法无悋勤供諸佛故入生死而无
所畏於諸榮辱心无憂喜不輕未學敬學如

不著己樂慶於彼樂在諸禪定如地獄想於
生死中如園觀想見來求者為善師想捨諸
所有具一切智想見毀戒人起救護想諸波
羅蜜為父母想道品之法為眷屬想發行
善根无有齊限以諸淨國嚴飾之事成已佛
土行不限施具足相好除一切惡身口意淨
故生死无數劫意而有勇聞佛无量德志而
不惓以智慧劍破煩惱賊出陰界入荷負衆
生永使解脫以大精進摧伏魔軍常求无念
實相智慧行少欲知足而不捨世法不壞威
儀而能隨俗起神通慧引導衆生得念揔持
所聞不忘善別諸根斷衆生疑以樂說辯演
法无礙淨十善道受天人福脩四无量開梵
天道勸請說法隨喜讚善得佛音聲身口

天道勸請說法隨喜讚善得佛音聲身口
意善得佛威儀深脩善法所行轉勝以大乘
教成菩薩僧心无放逸不失衆善行如此法
是名菩薩不盡有爲何謂菩薩不住无爲謂
脩學空不以空爲證脩學无相无作不以无相
无作爲證脩學无起不以无起爲證觀於无
常而不猒善本觀世間苦而不惡生死觀於
无我而誨人不惓觀於寂滅而不永寂滅觀
於遠離而身心脩善觀无所歸而歸趣善法
觀於无生而以生法荷負一切觀於无漏而不
断諸漏觀无所行而以行法教化衆生觀於
空无而不捨大悲觀正法位而不隨小乘觀
諸法虛妄无牢无人无主无相本願未滿而不

爲具福德故不住无爲具智慧故不盡
有爲大慈悲故不住无爲滿本願故不盡有
爲集法藥故不住无爲隨授藥故不盡有爲
知衆生病故不住无爲滅衆生病故不盡有
爲諸正士菩薩已脩此法不盡有爲不住无
爲是名盡无盡解脫法門汝等當學尒時彼
諸菩薩聞說是法皆大歡喜以衆妙華若干
種色若干種香散遍三千大千世界供養於
佛及此經法并諸菩薩已稽首佛足歎未曾
有言釋迦牟尼佛乃能於此善行方便言已
忽然不現還到彼國

維摩詰經見阿閦佛品第十二

尒時世尊問維摩詰汝欲見如来爲以何等
觀如来乎維摩詰言如自觀身實相觀佛亦

觀如來乎維摩詰言如自觀身實相觀佛亦
然我觀如來前際不來後際不去今則不住
不觀色不觀色如不觀色性不觀受想行識
不觀識如不觀識性非四大起同於虛空六
入无積眼耳鼻舌身心已過不在三界三垢
已離順三脫門三明與无明等不一相不異
相不自相不他相非无相非取相不此岸不
彼岸不中流而化衆生觀於寂滅亦不永滅
不此不彼不以此不以彼不可以智知不可以
識識无晦无明无名无相无強无弱非淨非
穢不在方不離方非有爲非无爲无示无說
不施不慳不戒不犯不忍不恚不進不怠不
定不亂不智不愚不誠不欺不來不去不
出不入一切言語道斷非福田非不福田非

同真際等法性不可稱不可量過諸稱量
非大非小非見非聞非覺非知離衆結縛等
諸智同衆生於諸法无分別一切无失无濁
无惱无作无起无生无滅无畏无憂无喜无
猒无着无已有无當有无今有不可以一切
言說分別顯示世尊如来身爲若此作如是
觀以斯觀者名爲正觀若他觀者名爲邪觀
尒時舍利弗問維摩詰汝於何沒而来生此
維摩詰言汝所得法有沒生乎舍利弗言无
沒生也若諸法无沒生相云何問言汝於何
沒而来生此於意云何譬如幻師幻作男女
寧沒生耶舍利弗言无沒生也汝豈不聞佛
說諸法如幻相乎荅曰如是若一切法如幻相

説諸法如幻相乎荅曰如是若一切法如幻相
者云何問言汝於何没而来生此舍利弗
没者爲虚誑法壞敗之相生者爲虚誑法相
續之相菩薩雖没不盡善本雖生不長諸惡
是時佛告舍利弗有國名妙喜佛号无動是
維摩詰於彼國没而来生此舍利弗言未曾
有也世尊是人乃能捨清淨土而来樂此多
怒害處維摩詰語舍利弗於意云何日光出
時與冥合乎荅曰不也日光出時則无衆冥維
摩詰言夫日何故行閻浮提荅曰欲以明照
爲之除冥維摩詰言菩薩如是雖生不淨
佛土爲化衆生不與愚闇而共合也但滅衆
生煩惱闇耳

其菩薩聲聞之衆佛知一切衆會所念告維
摩詰言善男子爲此衆會現妙喜國无動如
来及諸菩薩聲聞之衆衆皆欲見於是維摩
詰心念吾當不起于坐接妙喜國鐵圍山川
溪谷江河大海泉源須弥諸山及日月星宿
天龍鬼神梵天等宮并諸菩薩聲聞之衆城
邑聚落男女大小乃至无動如来及菩提樹
諸妙蓮華能於十方作佛事者三道寶階
従閻提至忉利天以此寶階諸天来下悉爲
礼敬无動如来聽受經法閻浮提人亦登其
階上昇忉利見彼諸天妙喜世界成就如是无
量功德上至阿迦膩吒天下至水際以右手
斷取如陶家輪入此世界猶持華鬘示一
切衆作是念已於三昧現神通力以其右

BD00057　維摩詰所説經卷下

切衆作是念已於三昧現神通力以其右
手斷取妙喜世界置於此土彼得神通菩薩
及聲聞衆并餘天人俱發聲言唯然世尊誰
取我去願見救護无動佛言非我所爲是維
摩詰神力所作其餘未得神通者不覺不知
已之所往妙喜世界雖入此土而不增減於是
世界亦不迫隘如本无異
尒時釋迦牟尼佛告諸大衆汝等且觀妙喜
世界无動如來其國嚴飾菩薩行淨弟子清
白皆曰唯然已見佛言若菩薩欲得如是清
淨佛土當學无動如來所行之道現此妙喜
國時娑婆世界十四那由他人發阿耨多羅
三藐三菩提心皆願生於妙喜佛土釋迦牟

所應饒益其事訖已還復本處舉衆
皆見佛告舍利弗汝見此妙喜世界及无動佛
不唯然已見世尊願使一切衆生得清淨土如
无動佛獲神通力如維摩詰世尊我等快得
善利得見是人親近供養其諸衆生若今現
在若佛滅後聞此經者亦得善利況復聞
已信解受持讀誦解說如法脩行若有手得
是經典者便為已得法寶之藏若有讀誦解
釋其義如說脩行則為諸佛之所護念其有
供養如是人者當知則為供養於佛其有書
持此經卷者當知其室則有如來若聞是經
能隨喜者斯人則為取一切智若能信解此
經乃至一四句偈為他說者當知此人即是
受阿耨多羅三藐三菩提記

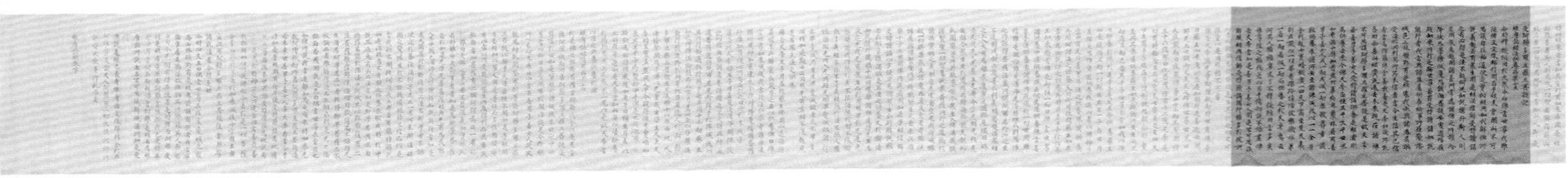

受阿耨多羅三藐三菩提記
維摩詰經法供養品第十三
尒時釋提桓因於大衆中白佛言世尊我雖
從佛及文殊師利聞百千經未曾聞此不可
思議自在神通決定實相經典如我解佛所
說義趣若有衆生聞是經法信解受持讀誦
之者必得是法不疑何況如說脩行斯人則
爲閉衆惡趣開諸善門常爲諸佛之所護念
降伏外學摧滅魔怨脩治菩提安處道場履
踐如來所行之跡世尊若有受持讀誦如說
脩行者我當與諸眷屬供養給事所在聚落
城邑山林曠野有是經處我亦與諸眷屬聽
受法故共到其所其未信者當令生信其已信
者當爲作護佛言善哉善哉天帝如汝所說

不可思議阿耨多羅三藐三菩提是故天帝
若善男子善女人受持讀誦供養是經者則
爲供養去來今佛天帝正使三千大千世界
如來滿中譬如甘蔗竹葦稻麻叢林若有善
男子善女人或一劫或減一劫恭敬尊重讚
歎供養奉諸所安至諸佛滅後以一一全身
舍利起七寶塔縱廣一四天下高至梵天表
刹莊嚴以一切華香瓔珞幢幡伎樂微妙第
一若一劫若減一劫而供養之於天帝意云
何其人植福寧爲多不釋提桓因言多矣
世尊彼之福德若以百千億劫說不能盡佛
告天帝當知是善男子善女人聞是不可思議
解脫經典信解受持讀誦脩行福多於彼所

解脫經典信解受持讀誦脩行福多於彼所
以者何諸佛菩提皆從是生菩提之相不可
限量以是因緣福不可量
佛告天帝過无量阿僧祇劫時世有佛号
曰藥王如來應供正遍知明行足善逝世間
解无上士調御丈夫天人師佛世尊世界曰
大莊嚴劫曰莊嚴佛壽二十小劫其聲聞僧
三十六億那由他菩薩僧有十二億天帝是
時有轉輪聖王名曰寶蓋七寶具足主四天
下王有千子端正勇健能伏怨敵尒時寶
蓋與其眷屬供養藥王如來施諸所安至滿五
劫過五劫已告其千子汝等亦當如我以深
心供養於佛於是千子受父王命供養藥王
如來復滿五劫一切施安其王一子名曰

空中有天曰善男子法之供養勝諸供養
即問何謂法之供養天曰汝可往問藥王如来
當廣為汝説法之供養即時月蓋王子行詣藥
王如来稽首佛足却住一面白佛言世尊
諸供養中法供養勝云何為法供養佛言善
男子法供養者諸佛所説深經一切世間難
信難受微妙難見清浄无染非但分別思惟
之所能得菩薩法藏所攝陁羅尼印印之至
不退轉成就六度善分別義順菩提法衆經
之上入大慈悲離衆魔事及諸邪見順因緣
法无我无人无衆生无壽命空无相无作无
起能令衆生坐於道場而轉法輪諸天龍神
乾闥婆等所共歎譽能令衆生入佛法藏攝

乹闥婆等所共歎譽能令衆生入佛法藏攝
諸賢聖一切智慧說衆菩薩所行之道依於
諸法實相之義明宣无常苦空无我寂滅能
救一切毀禁衆生諸魔外道及貪著者能使
怖畏諸佛賢聖所共稱歎背生死苦示涅槃
樂十方三世諸佛所說若聞如是等經信解
受持讀誦以方便力為諸衆生分別解說顯
示分明守護法故是名法之供養又於諸法
如說脩行隨順十二因緣離諸邪見得无生忍
決定无我无有衆生而於因緣果報无違无
諍離諸我所依於義不依語依於智不依識
依了義經不依不了義經依於法不依人隨
順法相无所入无所歸无明畢竟滅故諸行

是名最上法之供養
佛告天帝王子月蓋從藥王佛聞如是法得
柔順忍即解寶衣嚴身之具以供養佛白佛
言世尊如來滅後我當行法供養守護正法
願以威神加哀建立令我得降魔怨脩菩薩
行佛知其深心所念而記之曰汝於末後守
護法城天帝時王子月蓋見法清淨聞佛授
記以信出家脩集善法精進不久得五神通
通菩薩道得陁羅尼无斷辯才於佛滅後以
其所得神通總持辯才之力滿十小劫藥王
如來所轉法輪隨而分布月蓋比丘以守護法
勤行精進即於此身化百萬億人於阿耨
多羅三藐三菩提立不退轉十四那由他人

BD00057　維摩詰所説經卷下

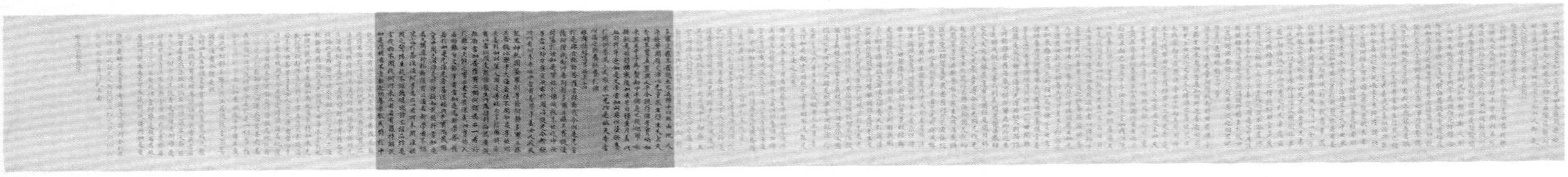

多羅三藐三菩提立不退轉十四那由他人
深發聲聞辟支佛心无量衆生得生天上天
帝時王寶蓋豈異人乎今現得佛号寶焰如
来其王千子即賢劫中千佛是也從迦羅鳩
孫馱為始得佛最後如来号曰樓至月蓋比
丘則我身是如是天帝當知此要以法供養
於諸供養為上為最第一无比是故天帝當
以法之供養供養於佛

維摩詰經囑累品第十四

於是佛告弥勒菩薩言弥勒我今以是无量
億阿僧祇劫所集阿耨多羅三藐三菩提法
付囑於汝如是輩經於佛滅後末世之中汝
等當以神力廣宣流布於閻浮提无令斷絶
所以者何未来世中當有善男子善女人及天

龍鬼神乾闥婆羅剎等發阿耨多羅三藐
三菩提心樂于大法若使不聞如是等經則
失善利如此輩人聞是等經必多信樂發希
有心當以頂受隨諸衆生所應得利而為廣說
弥勒當知菩薩有二相何謂為二一者好
於雜句文飾之事二者不畏深義如實能入
若好雜句文飾事者當知是為新學菩薩
若於如是无染无著甚深經典无有恐畏能
入其中聞已心淨受持讀誦如說脩行當知是
為久脩道行弥勒復有二法名新學者不能
決定於甚深法何等為二一者所未聞深經
聞之驚怖生疑不能隨順毀謗不信而作是
言我初不聞從何所來二者若有護持解說
如是深經者不肯親近供養恭敬或時於中

如是深經者不肯親近供養恭敬或時於中
說其過惡有此二法當知是新學菩薩為自
毀傷不能於深法中調伏其心彌勒復有二
法菩薩雖信解深法猶自毀傷而不能得无
生法忍何等為二一者輕慢新學菩薩而不
教誨二者雖解深法而取相分別是為二法
彌勒菩薩聞說是已白佛言世尊未曾有也
如佛所說我當遠離如斯之惡奉持如來无
數阿僧祇劫所集阿耨多羅三藐三菩提法
若未來世善男子善女人求大乘者當令手
得如是等經與其念力使受持讀誦為他廣
說世尊若後末世有能受持讀誦為他說者
當知是為彌勒神力之所建立佛言善哉善

宣流布阿耨多羅三藐三菩提復當開導
諸說法者令得是經
尒時四天王白佛言世尊在在處處城邑聚
落山林曠野有是經卷讀誦解說者我當率
諸官屬為聽法故往詣其所擁護其人面百
由旬令无伺求得其便者是時佛告阿難受
持是經廣宣流布阿難言唯然我已受持要
者世尊當何名斯經佛言阿難是經名為維
摩詰所說亦名不可思議解脫法門如是受
持
佛說是經已長者維摩詰文殊師利舍利弗
阿難等及諸天人阿脩羅一切大眾聞佛所
說皆大歡喜作禮而去

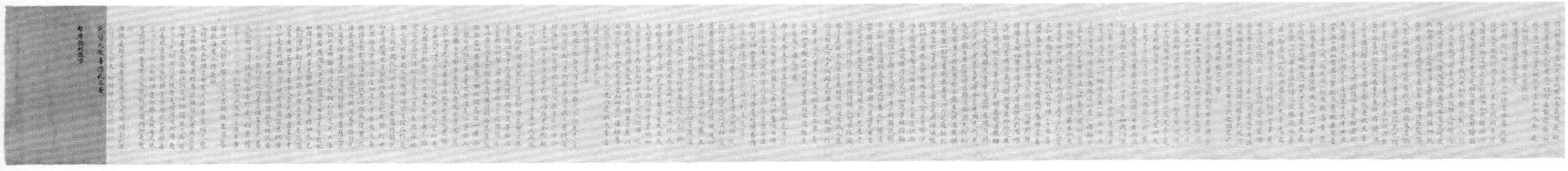

説皆大歡喜作礼而去

維摩詰經卷下

BD00058 妙法蓮華經卷五

（後秦）鳩摩羅什 譯

909.4cm×25.5cm

是名智者 所親近處
顛倒分别 諸法有无 是實非實 是生非生
在於閑處 脩攝其心 安住不動 如須弥山
觀一切法 皆无所有 猶如虛空 无有堅固
不生不出 不動不退 常住一相 是名近處
若有比丘 於我滅後 入是行處 及親近處
說斯經時 无有怯弱
菩薩有時 入於靜室 以正憶念 隨義觀法
從禪定起 為諸國王 王子臣民 婆羅門等
開化演暢 說斯經典 其心安隱 无有怯弱
文殊師利 是名菩薩 安住初法 能於後世
說法華經
又文殊師利 如來滅後 於末法中 欲說是經
應住安樂行 若口宣說 若讀經時 不樂說人

惡長短於聲聞人亦不稱名說其過
稱名讚歎其美又亦不生怨嫌之心善脩如
是安樂心故諸有聽者不逆其意有所難
問不以小乘法荅但以大乘而為解說令得一
切種智尒時世尊欲重宣此義而說偈言
菩薩常樂 安隱說法 於清淨地 而施牀座
以油塗身 澡浴塵穢 著新淨衣 內外俱淨
安處法座 隨問為說
若有比丘 及比丘尼 諸優婆塞 及優婆夷
國王王子 群臣士民 以微妙義 和顏為說
若有問難 隨義而荅 因緣譬喻 敷演分別
以是方便 皆使發心 漸漸增益 入於佛道
除嬾墯意 及懈怠想 離諸憂惱 慈心說法
晝夜常說 无上道教 以諸因緣 无量譬喻
開示眾生 咸令歡喜

晝夜常說　无上道教　以諸因緣　无量譬喻
開示衆生　咸令歡喜　衣服臥具　飲食湯藥　而於其中　无所悕望
但一心念　說法因緣　願成佛道　令衆亦尒
是則大利　安樂供養
我滅度後　若有比丘　能演說斯　妙法華經
心无嫉恚　諸惱鄣礙　亦无憂愁　及罵詈者
又无怖畏　加刀杖等　亦无擯出　安住忍故
智者如是　善脩其心　能住安樂　如我上說
其人功德　千万億劫　筭數譬喻　說不能盡
又文殊師利菩薩摩訶薩於後末世法欲
滅時受持讀誦斯經典者无懷嫉妬諂誑之
心亦勿輕罵學佛道者求其長短若比丘比
丘尼優婆塞優婆夷求聲聞者求辟支佛
者求菩薩道者无得惱之令其疑悔語其人言
汝等去道甚遠終不能得一切種智[illegible]

何以故汝是放逸之人於道懈怠故又亦不應戲
論諸法有所諍競當於一切眾生起大悲想於
諸如來起慈父想於諸菩薩起大師想於十
方諸大菩薩常應深心恭敬礼拜於一切眾
生平等說法以順法故不多不少乃至深愛
法者亦不為多說文殊師利是菩薩摩訶
薩於後末世法欲滅時有成就是第三安樂
行者說是法時无能惱亂得好同學共讀誦
是經亦得大眾而來聽受聽已能持持已能
誦誦已能說說已能書若使人書供養經卷
恭敬尊重讚歎尒時世尊欲重宣此義而
說偈言

若欲說是經　當捨嫉恚慢　諂誑邪偽心　常脩質直行
不輕蔑於人　亦不戲論法　不令他疑悔　云汝不得佛
是佛子說法　常柔和能忍　慈悲於一切　不生懈怠心
十方大菩薩　愍眾故行道　應生恭敬心　是則我大師

是佛子說法　常柔和忍辱　慈悲於一切　不生懈怠心
十方大菩薩　愍衆故行道　應生恭敬心　是則我大師
於諸佛世尊　生无上父想　破於憍慢心　說法无鄣礙
第三法如是　智者應守護　一心安樂行　无量衆所敬
又文殊師利菩薩摩訶薩於後末世法欲滅
時有持是法華經者於在家出家人中生
大慈心於非菩薩人中生大悲心應作是念如
是之人則為大失如来方便隨宜說法不聞
不知不覺不問不信不解其人雖不問不信
不解是經我得阿耨多羅三藐三菩提時隨
在何地以神通力智慧力引之令得住是法
中文殊師利是菩薩摩訶薩於如来滅後有
成就此第四法者說是法時无有過失常為
比丘比丘尼優婆塞優婆夷國王王子大臣
人民婆羅門居士等供養恭敬尊重讚歎
虛空諸天為聽法故亦常隨侍若在聚落城

法故而衛護之能令聽者皆得歡喜所以者
何此經是一切過去未來現在諸佛神力所
護故文殊師利是法華經於无量國中乃至
名字不可得聞何況得見受持讀誦文殊師
利譬如強力轉輪聖王欲以威勢降伏諸國
而諸小王不順其命時轉輪王起種種兵而
往討罰王見兵衆戰有功者即大歡喜隨功
賞賜或與田宅聚落城邑或與衣服嚴身之
具或與種種珍寶金銀琉璃車𤦲馬瑙珊瑚
虎魄象馬車乘奴婢人民唯髻中明珠不以
與之所以者何獨王頂上有此一珠若以與
之王諸眷屬必大驚怪文殊師利如來亦復
如是以禪定智慧力得法國土王於三界而
諸魔王不肯順伏如來賢聖諸將與之共戰
其有功者心亦歡喜於四衆中為說諸經令

諸魔王不肯順伏如來賢聖諸將與之共戰
其有功者心亦歡喜於四衆中為說諸經令
其心悅賜以禪定解脫无漏根力諸法之財
又復賜與涅槃之城言得滅度引導其心令
皆歡喜而不為說是法華經文殊師利如轉
輪王見諸兵衆有大功者心甚歡喜以此難
信之珠久在髻中不妄與人而今與之如来
亦復如是於三界中為大法王以法教化一切
衆生見賢聖軍與五陰魔煩惱魔死魔共戰
有大功勳滅三毒出三界破魔網尒時如来
亦大歡喜此法華經能令衆生至一切智一
切世間多怨難信先所未說而今說之文殊
師利此法華經是諸如来第一之說於諸說
中最為甚深末後賜與如彼强力之王久護
明珠今乃與之文殊師利此法華經諸佛如
来秘密之藏於諸經中最在其上長夜守護

不妄宣說始於今日乃與汝等而敷演之
爾時世尊欲重宣此義而說偈言
常行忍辱　哀愍一切　乃能演說　佛所讚經
後末世時　持此經者　於家出家　及非菩薩
應生慈悲　斯等不聞　不信是經　則為大失
我得佛道　以諸方便　為說此法　令住其中
譬如強力　轉輪之王　兵戰有功　賞賜諸物
象馬車乘　嚴身之具　及諸田宅　聚落城邑
或與衣服　種種珍寶　奴婢財物　歡喜賜與
如有勇健　能為難事　王解髻中　明珠與之
如來亦尒　為諸法王　忍辱大力　智慧寶藏
以大慈悲　如法化世
見一切人　受諸苦惱　欲求解脫　與諸魔戰
為是眾生　說種種法　以大方便　說此諸經
既知眾生　得其力已　末後乃為　說是法華
如王解髻　明珠與之　此經為尊　眾經中上

既知眾生 得其力已 末後乃為 說是法華
如王解髻 明珠與之 此經為尊 眾經中上
我常守護 不妄開示 今正是時 為汝等說
我滅度後 求佛道者 欲得安隱 演說斯經
應當親近 如是四法 讀是經者 常无憂惱
又无病痛 顏色鮮白 不生貧窮 卑賤醜陋
眾生樂見 如慕賢聖 天諸童子 以為給使
刀杖不加 毒不能害 若人惡罵 口則閉塞
遊行无畏 如師子王 智慧光明 如日之照
若於夢中 但見妙事 見諸如來 坐師子座
諸比丘眾 圍遶說法 又見龍神 阿脩羅等
數如恒沙 恭敬合掌 自見其身 而為說法
又見諸佛 身相金色 放无量光 照於一切
以梵音聲 演說諸法 佛為四眾 說无上法
見身處中 合掌讚佛 聞法歡喜 而為供養
得陁羅尼 [illegible]

得无量智　佛之大道　國土嚴淨　廣大无比
亦有四衆　合掌聽法　又見自身　在山林中
脩習善法　證諸實相　深入禪定　見十方佛
諸佛身金色　百福相莊嚴　聞法為人說　常有是好夢
又夢作國王　捨宮殿眷屬　及上妙五欲　行詣於道場
在菩提樹下　而處師子座　求道過七日　得諸佛之智
成无上道已　起而轉法輪　為四衆說法　經千万億劫
說无漏妙法　度无量衆生　後當入涅槃　如烟盡火滅
若後惡世中　說是第一法　是人得大利　如上諸功德

妙法蓮華經從地踊出品第十五

尒時他方國土諸來菩薩摩訶薩過八恒
河沙數於大衆中起合掌作礼而白佛言世
尊若聽我等於佛滅後在此娑婆世界勤加
精進護持讀誦書寫供養是經典者當於此

尊者聽我等於佛滅後在此娑婆世界勤加
精進護持讀誦書寫供養是經典者當於此
土而廣說之尒時佛告諸菩薩摩訶薩衆止
善男子不須汝等護持此經所以者何我娑婆
世界自有六万恒河沙等菩薩摩訶薩一一
菩薩各有六万恒河沙眷屬是諸人等能
於我滅後護持讀誦廣說此經佛說是時
娑婆世界三千大千國土地皆震裂而於其
中有无量千万億菩薩摩訶薩同時踊出是
諸菩薩身皆金色三十二相无量光明先盡在
此娑婆世界之下此界虛空中住是諸菩薩
聞釋迦牟尼佛所說音聲從下發來一一菩
薩皆是大衆唱導之首各將六万恒河沙眷
屬況將五万四万三万二万一万恒河沙等
眷屬者況復乃至一恒河沙半恒河沙四分之

[illegible]
乃至一万况復一千一百乃至一十况復將
五四三二一弟子者况復單己樂遠離行如
是等比无量无邊筭數譬喻所不能知是諸
菩薩從地出已各詣虛空七寶妙塔多寶如
來釋迦牟尼佛所到已向二世尊頭面礼足
及至諸寶樹下師子座上佛所亦皆作礼右
繞三帀合掌恭敬以諸菩薩種種讚法而以
讚歎住在一面欣樂瞻仰於二世尊是諸菩
薩摩訶薩從初踊出以諸菩薩種種讚法而
讚於佛如是時間經五十小劫是時釋迦牟
尼佛嘿然而坐及諸四眾亦皆嘿然五十小
劫佛神力故令諸大眾謂如半日尒時四眾
亦以佛神力故見諸菩薩遍滿无量百千万
億國土虛空是菩薩眾中有四導師一名上
行二名无邊行三名淨行四名安立行是

億國土虛空是菩薩衆中有四導師一名上
行二名无邊行三名淨行四名安立行是
四菩薩於其衆中最爲上首唱導之師在大
衆前各共合掌觀釋迦牟尼佛而問訊言
世尊少病少惱安樂行不所應度者受教易
不不令世尊生疲勞耶尒時四大菩薩而說
偈言
世尊安樂　少病少惱　教化衆生　得无疲惓
又諸衆生　受化易不　不令世尊　生疲勞邪
尒時世尊於菩薩大衆中而作是言如是如
是諸善男子如來安樂少病少惱諸衆生等
易可化度无有疲勞所以者何是諸衆生世
世已來常受我化亦於過去諸佛供養尊重
種諸善根此諸衆生始見我身聞我所說即

之人我今亦令得聞是經入於佛慧尒時諸
大菩薩而說偈言
善哉善哉 大雄世尊 諸衆生等 易可化度
能問諸佛 甚深智慧 聞已信行 我等隨喜
於時世尊讚歎上首諸大菩薩善哉善哉善
男子汝等能於如來發隨喜心尒時彌勒菩
薩及八千恒河沙諸菩薩衆皆作是念我等
從昔已來不見不聞如是大菩薩摩訶薩衆
從地踊出住世尊前合掌供養問訊如來時
彌勒菩薩摩訶薩知八千恒河沙諸菩薩等
心之所念并欲自決所疑合掌向佛以偈問
曰
无量千万億 大衆諸菩薩 昔所未曾見 願兩足尊說
是從何所來 以何因緣集 巨身大神通 智慧叵思議
其志念堅固 有大忍辱力 衆生所樂見 為從何所來
一一諸菩薩 所將諸眷屬 其數无有量 如恒河沙等

其志念堅固　有大忍辱力　衆生所樂見　為從何所來
一一諸菩薩　所将諸眷屬　其數无有量　如恒河沙等
或有大菩薩　将六万恒沙　如是諸大衆　一心求佛道
是諸大師等　六万恒河沙　俱来供養佛　及護持是經
将五万恒沙　其數過於是　四万及三万　二万至一万
一千一百等　乃至一恒沙　半及三四分　億万分之一
千万那由他　万億諸弟子　乃至於半億　其數復過上
万百至一万　一千及一百　五十與一十　乃至三二一
單己无眷屬　樂於獨處者　俱来至佛所　其數轉過上
如是諸大衆　若人行籌數　過於恒沙劫　猶不能盡知
是諸大威德　精進菩薩衆　誰為其說法　教化而成就
從誰初發心　稱揚何佛法　受持行誰經　脩習何佛道
如是諸菩薩　神通大智力　四方地震裂　皆從中踊出
世尊我昔来　未曾見是事　願說其所從　國土之名号
我常遊諸國　未曾見是衆
我於此衆中　乃不識一人　忽然從地出　願說其因緣

是諸菩薩眾　本末之因緣　无量德世尊　唯願決眾疑
尒時釋迦牟尼佛分身諸佛從无量千万億
他方國土來者在於八方諸寶樹下師子座
上結跏趺坐其佛侍者各各見是菩薩大眾
於三千大千世界四方從地踊出住於虛空
各白其佛言世尊此諸无量无邊阿僧祇菩
薩大眾從何所來尒時諸佛各告侍者諸善
男子且待須臾有菩薩摩訶薩名弥勒釋
迦牟尼之所授記次後作佛已問斯事佛今
荅之汝等自當因是得聞尒時釋迦牟尼佛
告弥勒菩薩善哉善哉阿逸多乃能問佛如
是大事汝等當共一心被精進鎧發堅固意
如來今欲顯發宣示諸佛智慧諸佛自在神
通之力諸佛師子奮迅之力諸佛威猛大勢

通之力諸佛師子奮迅之力諸佛威猛大勢
之力尒時世尊欲重宣此義而說偈言
當精進一心 我欲說此事 勿得有疑悔 佛智叵思議
汝今出信力 住於忍善中 昔所未聞法 今皆當得聞
我今安慰汝 勿得懷疑懼 佛无不實語 智慧不可量
所得第一法 甚深叵分別 如是今當說 汝等一心聽
尒時世尊說此偈已告弥勒菩薩我今於此
大衆宣告汝等阿逸多是諸大菩薩摩訶薩
无量无數阿僧祇從地踊出汝等昔所未見
者我於是娑婆世界得阿耨多羅三藐三菩
提已教化示導是諸菩薩調伏其心令發道
意此諸菩薩皆於是娑婆世界之下此界虛
空中住於諸經典讀誦通利思惟分別正憶
念阿逸多是諸善男子等不樂在衆多有所

人天而住常樂深智无有障礙亦常樂於諸
佛之法一心精進求无上慧尒時世尊欲重
宣此義而說偈言
阿逸汝當知　是諸大菩薩　從无數劫來　脩習佛智慧
悉是我所化　令發大道心　此等是我子　依止是世界
常行頭陁事　志樂於靜處　捨大衆憒閙　不樂多所說
如是諸子等　學習我道法　晝夜常精進　為求佛道故
在娑婆世界　下方空中住
志念力堅固　常勤求智慧　說種種妙法　其心无所畏
我於伽耶城　菩提樹下坐　得成最正覺　轉无上法輪
尒乃教化之　令初發道心　今皆住不退　悉當得成佛
我今說實語　汝等一心信　我從久遠來　教化是等衆
尒時彌勒菩薩摩訶薩及无數諸菩薩等心
生疑惑怪未曾有而作是念云何世尊於少
時間教化如是无量无邊阿僧祇諸大菩薩
令住阿耨多羅三藐三菩提即白佛言世尊

生疑惑怪未曾有而作是念云何世尊於少
時間教化如是无量无邊阿僧祇諸大菩薩
令住阿耨多羅三藐三菩提即白佛言世尊
如来為太子時出於釋宮去伽耶城不遠坐
於道場得成阿耨多羅三藐三菩提從是已
来始過四十餘年世尊云何於此少時大作
佛事以佛勢力以佛功德教化如是无量大
菩薩衆當成阿耨多羅三藐三菩提世尊此
大菩薩衆假使有人於千万億劫數不能盡
不得其邊斯等久遠已来於无量无邊諸佛
所殖諸善根成就菩薩道常脩梵行世尊如
此之事世所難信譬如有人色美髮黑年二
十五指百歲人言是我子其百歲人亦指年
少言是我父生育我等是事難信佛亦如是
得道已来其實未久而此大衆諸菩薩等已
於无量千万億劫為佛道故勤行精進善入出住

行善能次第習諸善法巧於問荅人中之寶
一切世間甚爲希有今日世尊方云得佛道
時初令發心教化示導令向阿耨多羅三藐
三菩提世尊得佛未久乃能作此大功德事
我等雖復信佛隨宜所說佛所出言未曾虛
妄佛所知者皆悉通達然諸新發意菩薩於
佛滅後若聞是語或不信受而起破法罪業
因緣唯然世尊願爲解說除我等疑及未來
世諸善男子聞此事已亦不生疑尒時弥勒
菩薩欲重宣此義而說偈言
佛昔從釋種　出家近伽邪　坐於菩提樹　尒來尚未久
此諸佛子等　其數不可量　久已行佛道　住神通智力
善學菩薩道　不染世間法　如蓮華在水　從地而踊出
皆起恭敬心　住於世尊前　是事難思議　云何而可信
佛得道甚近　所成就甚多　願爲除衆疑　如實分別說

皆起恭敬心 住於世尊前 是事難思議 云何而可信
得佛道甚近 所成就甚多 願為除衆疑 如實分別說
譬如少壯人 年始二十五 示人百歲子 髮白而面皺
是等我所生 子亦說是父 父少而子老 舉世所不信
世尊亦如是 得道来甚近 是諸菩薩等 志固无怯弱
從无量劫来 而行菩薩道 巧於難問答 其心无所畏
忍辱心決定 端正有威德 十方佛所讚 善能分別說
不樂在人衆 常好在禪定 為求佛道故 於下空中住
我等從佛聞 於此事无疑 願佛為未来 演說令開解
若有於此經 生疑不信者 即當墮惡道 願今為解說
是无量菩薩 云何於少時 教化令發心 而住不退地

妙法蓮華經如来壽量品第十六

尒時佛告諸菩薩及一切大衆 諸善男子 汝
等當信解如来誠諦之語 復告大衆 汝等當
信解如来誠諦之語 又復告諸大衆 汝等當
信解如来誠諦之語 是時菩薩大衆彌勒為

佛語如是三白已復言唯願說之我等當信
受佛語尒時世尊知諸菩薩三請不止而告
之言汝等諦聽如來秘密神通之力一切世
間天人及阿脩羅皆謂今釋迦牟尼佛出釋
氏宮去伽耶城不遠坐於道場得阿耨多羅
三藐三菩提然善男子我實成佛已來无
量无邊百千万億那由他劫譬如五百千万億
那由他阿僧祇三千大千世界假使有人末
為微塵過於東方五百千万億那由他阿僧
祇國乃下一塵如是東　盡是微　塵諸善男
子於意云何是諸世界可得思惟校計知其
數不弥勒菩薩等俱白佛言世尊是諸世界
无量无邊非算數所知亦非心力所及一切
聲聞辟支佛以无漏智不能思惟知其限數
我等住阿惟越致地於是事中亦所不達世

无量无邊非筭數所知亦非心力所及一切
聲聞辟支佛以无漏智不能思惟知其限數
我等住阿惟越致地於是事中亦所不達世
尊如是諸世界无量无邊尒時佛告大菩薩
衆諸善男子今當分明宣語汝等是諸世界
若著微塵及不著者盡以為塵一塵一劫我
成佛已來復過於此百千万億那由他阿僧
祇劫自從是來我常在此娑婆世界說法教
化亦於餘處百千万億那由他阿僧祇國導
利衆生諸善男子於是中間我說燃燈佛等
又復言其入於涅槃如是皆以方便分別諸
善男子若有衆生來至我所我以佛眼觀其
信等諸根利鈍隨所應度處處自說名字不
同年紀大小亦復現言當入涅槃又以種種
方便說微妙法能令衆生發歡喜心諸善男
子如來見諸衆生樂於小法德薄垢重者為

之人言我少出家得阿耨多羅三藐三菩提
然我實成佛已來久遠若斯但以方便教化
衆生令入佛道作如是說諸善男子如來所
演經典皆為度脫衆生或說己身或說他身
或示己身或示他身或示己事或示他事諸
所言說皆實不虛所以者何如來如實知見
三界之相无有生死若退若出亦无在世及
滅度者非實非虛非如非異不如三界見於
三界如斯之事如來明見无有錯謬以諸衆
生有種種性種種欲種種行種種憶想分別
故欲令生諸善根以若干因緣譬喻言辭種
種說法所作佛事未曾暫廢如是我成佛已
來甚大久遠壽命无量阿僧祇劫常住不滅
諸善男子我本行菩薩道所成壽命今猶未
盡復倍上數然今非實滅度而便唱言當取
滅度如來以是方便教化衆生所以者何若

諸善男子我本行菩薩道所成壽命今猶未
盡復倍上數然今非實滅度而便唱言當取
滅度如來以是方便教化衆生所以者何若
佛久住於世薄德之人不種善根貧窮下賤
貪著五欲入於憶想妄見網中若見如來常
在不滅便起憍恣而懷厭怠不能生難遭之
想恭敬之心是故如來以方便說比丘當知
諸佛出世難可值遇所以者何諸薄德人過
无量百千万億劫或有見佛或不見者以此
事故我作是言諸比丘如來難可得見其衆
生等聞如是語必當生於難遭之想心懷戀
慕渴仰於佛便種善根是故如來雖不實滅
而言滅度又善男子諸佛如來法皆如是為
度衆生皆實不虛譬如良醫智慧聰達明
練方藥善治衆病其人多諸子息若十二十乃

家諸子飲毒或失夲心或不失者遥見其父
皆大歡喜拜跪問訊善安隱歸我等愚癡
誤服毒藥願見救療更賜壽命父見子等苦
惱如是依諸經方求好藥草色香美味皆悉
具足擣篩和合與子令服而作是言此大良藥
色香美味皆悉具足汝等可服速除苦惱无
復衆患其諸子中不失心者見此良藥色香
俱好即便服之病盡除愈餘失心者見其父
來雖亦歡喜問訊求索治病然與其藥而不
肯服所以者何毒氣深入失夲心故扵此好
色香藥而謂不美父作是念此子可愍為毒
所中心皆顛倒雖見我喜求索救療如是好
藥而不肯服我今當設方便令服此藥即作
是言汝等當知我今衰老死時已至是好良

藥而不肯服我今當設方便令服此藥即作
是言汝等當知我今衰老死時已至是好良
藥今留在此汝可取服勿憂不差作是教已
復至他國遣使還告汝父已死是時諸子聞
父背喪心大憂惱而作是念若父在者慈愍
我等能見救護今者捨我遠喪他國自惟孤
露无復恃怙常懷悲感心遂醒悟乃知此藥
色味香美即取服之毒病皆愈其父聞子悉
已得差尋便来歸咸使見之諸善男子於意
云何頗有人能說此良醫虛妄罪不不也世
尊佛言我亦如是成佛已来无量无邊百千
万億那由他阿僧祇劫為衆生故以方便力
言當滅度亦无有能如法說我虛妄過者尒
時世尊欲重宣此義而說偈言
自我得佛来　所經諸劫數　无量百千万　億載阿僧祇

為度衆生故　方便現涅槃　而實不滅度　常住此說法
我常住於此　以諸神通力　令顛倒衆生　雖近而不見
衆見我滅度　廣供養舍利　咸皆懷戀慕　而生渴仰心
衆生既信伏　質直意柔軟　一心欲見佛　不自惜身命
時我及衆僧　俱出靈鷲山　我時語衆生　常在此不滅
以方便力故　現有滅不滅　餘國有衆生　恭敬信樂者
我復於彼中　為說无上法　汝等不聞此　但謂我滅度
我見諸衆生　沒在於苦惱　故不為現身　令其生渴仰
因其心戀慕　乃出為說法　神通力如是　於阿僧祇劫
常在靈鷲山　及餘諸住處　衆生見劫盡　大火所燒時
我此土安隱　天人常充滿　園林諸堂閣　種種寶莊嚴
寶樹多華菓　衆生所遊樂　諸天擊天鼓　常作衆伎樂
雨曼陁羅華　散佛及大衆　我淨土不毀　而衆見燒盡
憂怖諸苦惱　如是悉充滿　是諸罪衆生　以惡業因緣
過阿僧祇劫　不聞三寶名　諸有脩功德　柔和質直者
則皆見我身　在此而說法　或時為此衆　說佛壽无量

過阿僧祇劫　不斷三寶名　諸有修功德　柔和質直者
則皆見我身　在此而說法　或時為此衆　說佛壽无量
久乃見佛者　為說佛難值　我智力如是　慧光照无量
壽命无數劫　久脩業所得　汝等有智者　勿於此生疑
當斷令永盡　佛語實不虛　如醫善方便　為治狂子故
實在而言死　无能說虛妄　我亦為世父　救諸苦患者
為凡夫顛倒　實在而言滅　以常見我故　而生憍恣心
放逸著五欲　墮於惡道中　我常知衆生　行道不行道
隨應所可度　為說種種法　每自作是意　以何令衆生
得入无上道　速成就佛身

妙法蓮華經分別功德品第十七

尒時大會聞佛說壽命劫數長遠如是无量
无邊阿僧祇衆生得大饒益於時世尊告祢
勒菩薩摩訶薩阿逸多我說是如來壽命長
遠時六百八十万億那由他恒河沙衆生得
无生法忍復千倍菩薩摩訶薩得聞持陀

[illegible]
樂說无礙辯才復有一世界微塵數菩薩摩
訶薩得百万億无量旋陁羅尼復有三千大
千世界微塵數菩薩摩訶薩能轉不退法輪
復有二千中國土微塵數菩薩摩訶薩能轉
清淨法輪復有小千國土微塵數菩薩摩訶
薩八生當得阿耨多羅三藐三菩提復有四
四天下微塵數菩薩摩訶薩四生當得阿耨
多羅三藐三菩提復有三四天下微塵數菩
薩摩訶薩三生當得阿耨多羅三藐三菩提
復有二四天下微塵數菩薩摩訶薩二生當
得阿耨多羅三藐三菩提復有一四天下微
塵數菩薩摩訶薩一生當得阿耨多羅三藐
三菩提復有八世界微塵數衆生皆發阿耨
多羅三藐三菩提心佛說是諸菩薩摩訶薩
得大法利時於虛空中雨曼陁羅華摩訶曼

BD00058　妙法蓮華經卷五

得大法利時於虛空中雨曼陁羅華摩訶曼
陁羅華以散无量百千万億寶樹下師子座
上諸佛并散七寶塔中師子座上釋迦牟尼
佛及久滅度多寶如來亦散一切諸大菩薩
及四部衆又雨細末栴檀沉水香等於虛空
中天鼓自鳴妙聲深遠又雨千種天衣垂諸
瓔珞真珠瓔珞摩尼珠瓔珞如意珠瓔珞遍
於九方衆寶香爐燒无價香自然周至供養
大會一一佛上有諸菩薩執持幡蓋次第而
上至于梵天是諸菩薩以妙音聲歌无量
頌讚歎諸佛尒時弥勒菩薩從座而起偏袒
右肩合掌向佛而說偈言

佛說希有法 昔所未曾聞 世尊有大力 壽命不可量
无數諸佛子 聞世尊分別 說得法利者 歡喜充遍身
或住不退地 或得陁羅尼 或无礙樂說 万億旋總持

或有大千界　微塵數菩薩　各各皆能轉　不退之法輪
或有中千界　微塵數菩薩　各各皆能轉　清淨之法輪
復有小千界　微塵數菩薩　餘各八生在　當得成佛道
復有四三二　如是四天下　微塵諸菩薩　隨數生成佛
或一四天下　微塵數菩薩　餘有一生在　當成一切智
如是等衆生　聞佛壽長遠　得无量无漏　清淨之果報
復有八世界　微塵數衆生　聞佛說壽命　皆發无上心
世尊說无量　不可思議法　多有所饒益　如虛空无邊
雨天曼陀羅　摩訶曼陀羅　釋梵如恒沙　无數佛土來
雨栴檀沉水　繽紛而亂墜　如鳥飛空下　供散於諸佛
天鼓虛空中　自然出妙聲　天衣千万種　旋轉而來下
衆寶妙香爐　燒无價之香　自然悉周遍　供養諸世尊
其大菩薩衆　執七寶幡蓋　高妙万億種　次第至梵天
一一諸佛前　寶幢懸勝幡　亦以千万偈　歌詠諸如來
如是種種事　昔所未曾有　聞佛壽无量　一切皆歡喜
佛名聞十方　廣饒益衆生　一切具善根　以助无上心

如是種種事　昔所未曾有　聞佛壽无量　一切皆歡喜
佛名聞十方　廣饒益衆生　一切具善根　以助无上心
尒時佛告弥勒菩薩摩訶薩阿逸多其有衆
生聞佛壽命長遠如是乃至能生一念信解
所得功德无有限量若有善男子善女人爲
阿耨多羅三藐三菩提於八十万億那由他
劫行五波羅蜜檀波羅蜜尸羅波羅蜜羼提
波羅蜜毗梨耶波羅蜜禪波羅蜜除般若波
羅蜜以是功德比前功德百分千分百千万
億分不及其一乃至筭數譬喻所不能知若
善男子善女人有如是功德於阿耨多羅三
藐三菩提退者无有是處尒時世尊欲重宣
此義而說偈言
若人求佛慧　於八十万億　那由他劫數　行五波羅蜜

珍異之飲食　上服與臥具　栴檀立精舍　以園林莊嚴
如是等布施　種種皆微妙　盡此諸劫數　以迴向佛道
若復持禁戒　清淨无缺漏　求扵无上道　諸佛之所歎
若復行忍辱　住扵調柔地　設衆惡来加　其心不傾動
諸有得法者　懷扵增上慢　為此所輕惱　如是亦能忍
若復勤精進　志念常堅固　扵无量億劫　一心不懈息
又扵无數劫　住扵空閑處　若坐若經行　除睡常攝心
以是因緣故　能生諸禪定　八十億万劫　安住心不亂
持此一心福　願求无上道　我得一切智　盡諸禪定際
是人扵百千　万億劫數中　行此諸功德　如上之所說
有善男女等　聞我說壽命　乃至一念信　其福過扵彼
若人悉无有　一切諸疑悔　深心須臾信　其福為如此
其有諸菩薩　无量劫行道　聞我說壽命　是則能信受
如是諸人等　頂受此經典　願我扵未来　長壽度衆生
如今日世尊　諸釋中之王　道場師子吼　說法无所畏
我等未來世　一切所尊敬　坐扵道場時　說壽亦如是

如今日世尊　諸釋中之王　道場師子吼　說法无所畏
我等未来世　一切所尊敬　坐於道場時　說壽亦如是
若有深心者　清淨而質直　多聞能摠持　隨義解佛語
如是諸人等　於此无有疑
又阿逸多若有聞佛壽命長遠解其言趣是
人所得功德无有限量能起如来无上之慧
何況廣聞是經若教人聞若自持若教人持
若自書若教人書若以華香瓔珞幢幡繒蓋
香油蘇燈供養經卷是人功德无量无邊能
生一切種智阿逸多若善男子善女人聞我
說壽命長遠深心信解則為見佛常在耆闍
崛山共大菩薩諸聲聞衆圍繞說法又見此
娑婆世界其地瑠璃坦然平正閻浮檀金以
界八道寶樹行列諸臺樓觀皆悉寶成其菩
薩衆咸處其

皆起隨喜心當知已為深信解相何況讀誦
受持之者斯人則為頂戴如來阿逸多是善
男子善女人不須為我復起塔寺及作僧坊
以四事供養衆僧所以者何是善男子善女
人受持讀誦是經典者為已起塔造立僧坊
供養衆僧則為以佛舍利起七寶塔高廣
漸小至于梵天懸諸幡蓋及衆寶鈴華香瓔
珞末香塗香燒香衆鼓伎樂簫笛箜篌種種
儛戲以妙音聲歌唄讚頌則為於无量千万
億劫作是供養已阿逸多若我滅後聞是經典
有能受持若自書若教人書則為起立僧坊
以赤栴檀作諸殿堂三十有二高八多羅樹
高廣嚴好百千比丘於其中止園林流池經
行禪窟衣服飲食牀褥湯藥一切樂具充滿
其中如是僧坊堂閣若干百千万億其數无

行禪窟衣服飲食牀褥湯藥一切樂具充滿
其中如是僧坊堂閣若干百千万億其數无
量以此現前供養於我及比丘僧是故我說
如來滅後若有受持讀誦為他人說若自書
若教人書供養經卷不須復起塔寺及造僧
坊供養衆僧況復有人能持是經兼行布施
持戒忍辱精進一心智慧其德冣勝无量无
邊譬如虛空東西南北四維上下无量无邊
是人功德亦復如是无量无邊疾至一切種
知若人讀誦受持是經為他人說若自書若
教人書復能起塔及造僧坊供養讚歎聲聞
衆僧亦以百千万億讚歎之法讚歎菩薩功
德又為他人種種因緣隨義解說此法華經
復能清淨持戒與柔和者而共同止忍辱无
瞋志念堅固常貴坐禪得諸深定精進勇猛

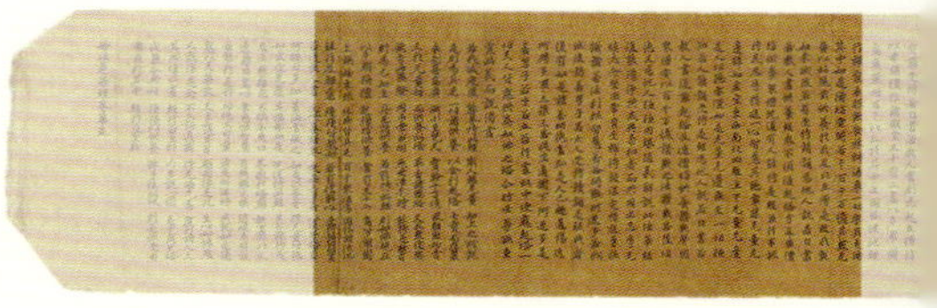

[illegible]
須有如是諸善功德當知是人已趣道場近
阿耨多羅三藐三菩提坐道樹下阿逸多是
善男子若坐若立若行處此中便應起塔一
切天人皆應供養如佛之塔尒時世尊欲重
宣此義而說偈言

若我滅度後　能奉持此經　斯人福无量　如上之所說
是則為具足　一切諸供養　以舍利起塔　七寶而莊嚴
表剎甚高廣　漸小至梵天　寶鈴千万億　風動出妙音
又於无量劫　而供養此塔　華香諸瓔珞　天衣眾伎樂
燃香油蘇燈　周匝常照明　惡世法末時　能持是經者
則為已如上　具足諸供養　若能持此經　則如佛現在
以牛頭栴檀　起僧坊供養　當有三十二　高八多羅樹
上饌妙衣服　牀臥皆具足　百千眾住處　園林諸流池
經行及禪窟　種種皆嚴好　若有信解心　受持讀誦書
若復教人書　及供養經卷　散華香末香　以須曼瞻蔔

經行及禪窟　種種皆嚴好　若有信解心　受持讀誦書
若復教人書　及供養經卷　散華香末香　以須曼瞻蔔
阿提目多伽　薰油常然之　如是供養者　得无量功德
如虛空无邊　其福亦如是　況復持此經　兼布施持戒
忍辱樂禪定　不瞋不惡口　恭敬於塔廟　謙下諸比丘
遠離自高心　常思惟智慧　有問難不瞋　隨順為解說
若能行是行　功德不可量　若見此法師　成就如是德
應以天華散　天衣覆其身　頭面接足禮　生心如佛想
又應作是念　不久詣道樹　得无漏无為　廣利諸人天
其所住止處　經行若坐臥　乃至說一偈　是中應起塔
莊嚴令妙好　種種以供養　佛子住此地　則是佛受用
常在於其中　經行及坐臥

妙法蓮華經卷第五

BD00058　妙法蓮華經卷五

BD00059 金剛頂經曼殊室利菩薩五字心陀羅尼品附真言（擬）

（唐）金剛智 譯

BD00059v 雜寫

553.2cm × 26.8cm

佛告言即説心陁羅尼曰
阿囉跛者娜
若善男子善女人有能受持[illegible]即
入如来一切法平等一切文字亦皆平等速
得成就摩訶般若纔誦一遍如持一切八万
四千脩多羅藏欲受持者應先入灌頂曼殊
羅彼阿闍梨月十五日於清浄室塗一圓壇
以麝檀龍腦香泥塗地即於壇心畫曼殊室
利菩薩作童子形右手執金剛寶劒左手持
摩訶般若梵莢壇輪四周梵寫阿囉跛者娜
字應以種種名香妙花盡心供養其阿闍梨
以金剛印如法念誦為弟子灌頂已然後授
以[illegible]陁羅尼念誦[illegible]以金剛專[illegible]頂

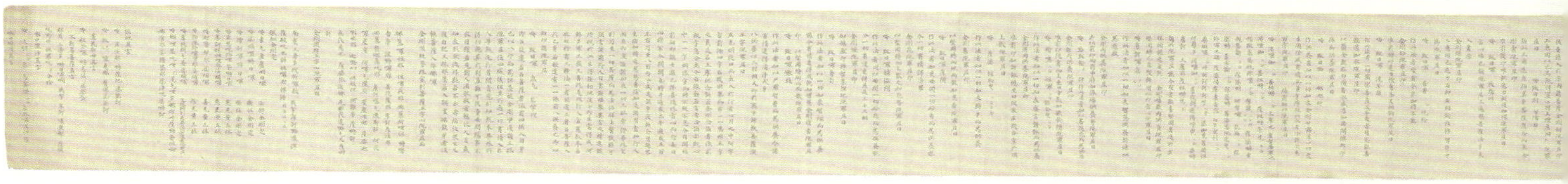

心法門一切如来秘密之要慎勿輒示為他
人說破汝三昧耶𢪛今善聽諦思惟之阿者
是無生義囉者清淨無染離塵垢義跛者亦
無第一義諦諸法平等者者諸法無有諸行
娜者諸法無有性相言說文字皆不可得以
娜字無生性相故者字無有諸行者字無有
諸行者故跛字無第一義諦跛字無第一義
諦故囉字無有塵垢囉字無有塵垢故阿字
法本不生阿字法本不生故娜字無有性相
汝知此要當觀是心本来清淨無所染著離
我我所分別之相入此門者名三摩地是真
脩習當知是人如来印可殊勝功德受斯法
已日日四時於壇念誦如上供養思惟心印

BD00059　金剛頂經曼殊室利菩薩五字心陀羅尼品附真言（擬）

脩習當知是人如來印可殊勝功德受斯法
已日日四時於壇念誦如上供養思惟心印
入三摩地若誦一遍遍能除行人一切苦難
若誦兩遍除滅億劫生死重罪若誦三遍三
昧現前若誦四遍揔持不忘若誦五遍速得
成就無上菩提一心念誦滿一月已曼殊室
利即現其身或於空中演說法要是時行者
得宿命智辯才無礙自在神通勝願成就速
證如來金剛法身或於絹素如前畫像滿十
万遍亦得成就或以香泥塗舍利塔梵寫五
字旋繞念誦五十万遍曼殊室利現其人前
而為說法常得諸佛及執金剛菩薩之所護
念一切勝願皆悉具足曼殊室利心陀羅尼
[illegible]

禮菩薩次南門次至北門亦復如是入精舍
已面於西方以對菩薩復五體投地一心歸
命然後手執香爐或捧妙蓮花一心供養一
切諸佛瞻仰菩薩生欣樂心發露己身所有
罪咎懇誠悔過次復讚歎如来功德圍繞七
匝誦二七遍已復更蹢跪發大誓願願我始
從今日開心地已誓不退轉无上菩提廣度衆
生同曼殊室利大悲行願作是念已半跏而
坐放其身心坦然禪悦即以塗香淨其二手
請三部已上下八方結金剛界金剛火焰地
界陁羅尼印
以忍度入力願度間戒度入慧方度從背上
入進忍度間方便方便入檀戒度間檀慧進

BD00059　金剛頂經曼殊室利菩薩五字心陀羅尼品附真言（擬）

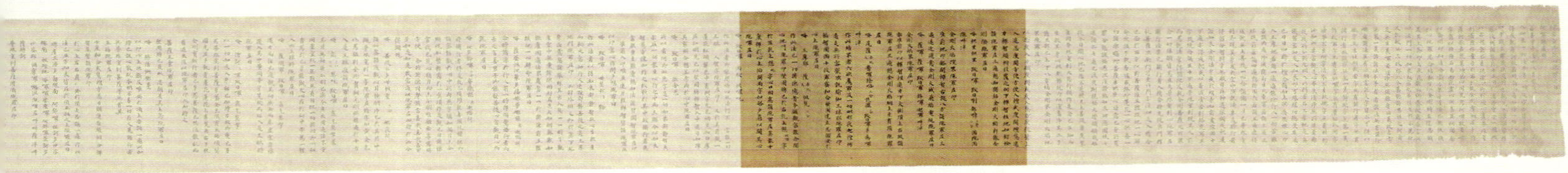

以忍度入戒度間戒度入慧戒度往背上
入進忍度間方便方便入檀戒度間檀慧進
力禪智頭相拄覆之向下禪智拄地如釘拴
誦陁羅尼三遍想如獨鈷金剛火焰杵徹金
剛際陁羅尼曰
唵枳里枳里　跋日囉　跋日唎　部律半聲二合　滿陁滿
陁吽泮
金剛火焰院界陁羅尼印
准前地印豁開禪智右旋八方誦陁羅尼三
遍遠近隨意金剛火城飛焰電㸌陁羅尼曰
唵　薩囉　薩囉　跋日囉　鉢囉　迦囉吽泮
金剛火焰界陁羅尼印
亦准前印以禪智捏進力下文側頂上右旋誦
陁羅尼三遍想金剛火焰因上至頂迴匝

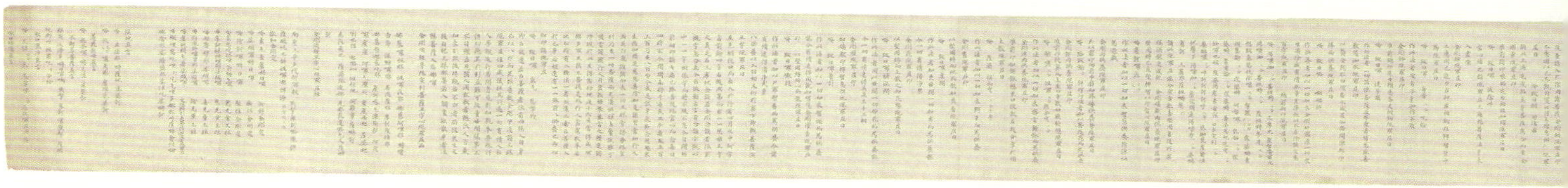

唵尾薩(枲紇反)普囉捺咯(二合)訖灑(二合)跛日囉半惹囉
吽泮
作此結界者六欲魔羅及一切毗那夜迦惶怖
遁走無所容竄次說瑜伽三昧耶陀羅尼印
福智圓滿十波羅蜜和合堅固建立忍願安於
心上陀羅尼曰
唵 三摩耶 薩(枲紇反) 怛梵(二合)
作此法已一切諸佛憶昔本願觀察護念開
心地門陀羅印堅固縛已於右乳上想(怛囉)字
於左乳上想(吒)字心口相應誦陀羅尼齊散十
度纏於心上拍開兩字如啓戶扇以開其心
陀囉尼曰

BD00059　金剛頂經曼殊室利菩薩五字心陀羅尼品附真言（擬）

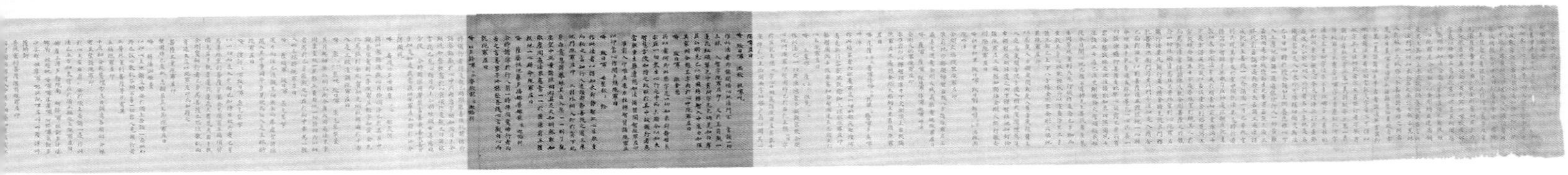

陁囉尼日
唵 跋日囉 滿馱 怛囉吒
作此法者即能開悟心地法門不 當證一切
三昧 入智字陁羅尼印 又於其前觀一
蓮花紅頗梨色中有阿字光色炳晃如白摩
尼分明見已以堅固縛禪智入中進力如環
其家相合想其字内於心中陁羅尼日
唵 跋日囉 微舍惡
所以者何即此惡字是一切如来寂靜智義
亦在一切衆生心行之中而未顯令以如来
智慧方便加持之故照於其中故脩行者應
當殷重生難遭想如法脩習闍智陁羅尼印
准前入印唯屈進力柱禪智背誦陁羅尼
[illegible]想陁羅尼日

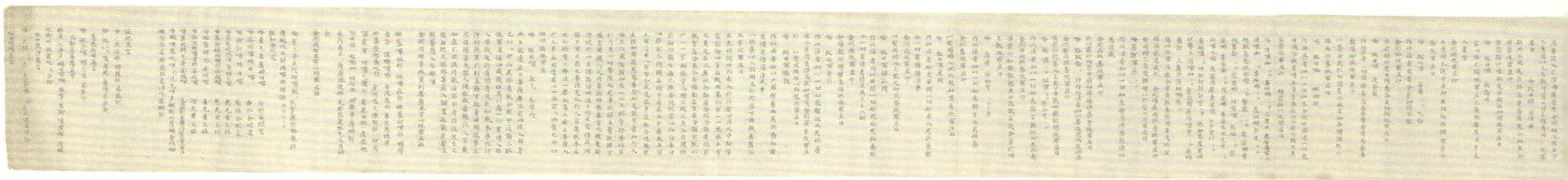

唵　跋曰囉　毋婆[illegible]　鉢

作此法者以得如来寂静智故心生殷重

而秘之當知行人速證寂静菩提之道三摩

地門陁羅尼印　二羽外相叉仰於齊下端

身正意息諸攀緣其出入息一一明了觀

虚空中無量諸佛相好具足大如胡麻數如

微塵周遍法界應當一一於諸佛前五體

投地一心歸命陁羅尼曰

唵　薩婆怛他蘗多播娜㝹娜能去迦路須

尒時諸佛於行人前一時彈指驚悟行者而

告之言善男子汝能發菩提心當觀自心而

說陁羅尼曰

唵　質多鉢囉二合帝微能去迦路須

BD00059　金剛頂經曼殊室利菩薩五字心陀羅尼品附真言（擬）

誦陀羅尼曰

唵　心多鉢囉二合帝徵能去迦路弭

時脩行者得是教已踊躍歡喜頂礼諸佛即

誦密語觀於心中所內惡字猶如滿月未全

顯現如翳輕霧於一食頃作是觀已白諸佛

言我已見心猶月而未分明唯願世尊慈賜

方便　尒時諸佛同聲讚言善哉善哉善男

子如是如是我當復以陀羅尼加持於汝令

得顯現

唵　菩提心多毋怛麼二合娜夜弭

誦此密語復觀心月撫明淨已於其月中

觀曼殊室利一字陀羅尼鋡字如黃金色

化為猛利金剛寶劒光明照耀遍於十方

入是三昧復誦陀羅尼曰

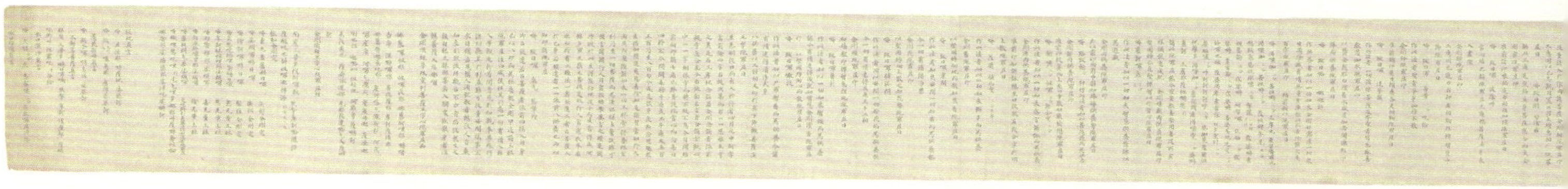

唵　底下同　瑟吒　跛日囉　底乞瑟拏曇

其日與劍擽分明已漸令廣大周遍法界量

同虛空純一無雜無有自他一切諸相即此劍

者爲於己身能觀之心在於劍中亦爲一體

入此三昧時陁羅尼曰

唵　薩頗羅　跛日囉　底乞瑟拏

隨力而住已復觀其劍漸漸而卷虛空諸佛

隨入其中量同本身晃然而止入是三昧時

陁羅尼曰

唵　僧訶上　囉跛日囉　底乞瑟拏

以一切如來入身劍已加持力故即變己身

爲曼殊室利菩薩身紫金色頂有五髻項背

圓光左手執青蓮花蓮花上有梵夾右手執

BD00059　金剛頂經曼殊室利菩薩五字心陀羅尼品附真言（擬）

圓光左手執青蓮花蓮花上有梵夾右手執
金剛寶劒行者已身爲菩薩已恐復散亂而
有退失復以陁羅尼印而加持之
菩薩三業陁羅尼印
堅固縛已直豎忍願屈其上節陁羅尼曰
唵　耨佉泚娜曇
以印心上次額及喉安於頂上各誦一遍以加
持已設心散亂本相不易一切非人見脩行者
與曼殊室利菩薩等無有異
五髻陁羅尼印
十度和合戒慧檀方忍力顛進各頭相合禪
智並豎誦陁羅尼印

[illegible]已五大如來皆不於頂五髻上陀羅尼曰

娜麽三滿多勃陀南　阿鉢囉伍訶多沙婆

娜南　怛姪他　唵囉囉娑麽囉　阿鉢囉底訶多

沙娑耶　俱摩囉　嚕波陀哩尼　吽吽薩泮吽

薩縛訶

曼殊室利菩薩灌頂陀羅尼印

福智圓滿禪智入中進力相蹙如摩尼寶安

於額上陀羅尼曰

唵囉怛娜句捨阿上孽哩也三合　吽繫寶鬘陀羅尼印

結灌頂已開印二分誦陀羅尼曰

唵　囉怛娜句捨　孽哩也　麽黟

額上三繞如繫寶鬘分手頂後亦復三繞向前

而下從檀惠散如垂帶勢

BD00059　金剛頂經曼殊室利菩薩五字心陀羅尼品附真言（擬）

而下從檀惠散如垂帶勢
慈悲金剛甲陁羅尼印
一一惠固已進力側文進面想唵字力面想
中拉龍反字放緑色光不斷絶抽藕絲當心三繞
背亦三繞次於齊下復至胷後於結跏上復
至坐後却来當脊又於背上又来當喉還
向頸上還来額上然至頂後各三繞已向前
而下後檀惠散如垂天衣　先於壇中畫像
心上想一鑁字為金剛鉤化為真身菩薩然
後重請入於像内請菩薩金剛鉤陁羅尼印
二惠固以已其觀羽置心羽上檀惠相ㄑ陁羅
尼曰
　　唵　跋日朗　句捨若
誦七遍進一度召真身菩薩集会而至金

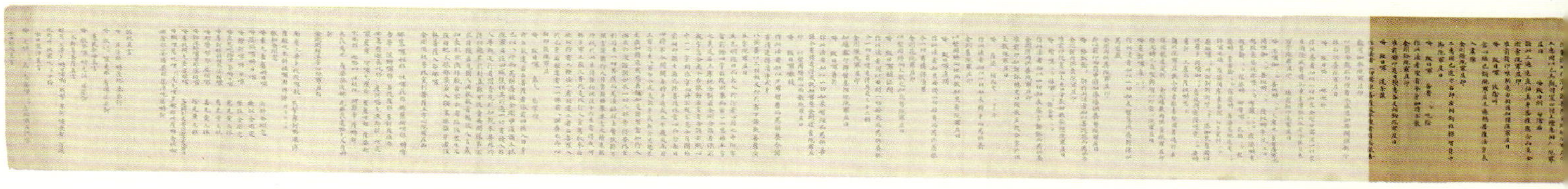

唵□阿□人□

準前請印唯秘進力相拄如環陁羅尼曰

唵　跛日囉　波捨吽

當心結已誦陁羅尼三遍想菩薩法身來

入畫像

金剛鏁陁羅尼印

二惠固已進力右押左相鉤拄禪智背中

誦陁羅尼曰

唵　跛日囉　菩普二合　吒鈴

作此法者聖者本身加持不散

金剛鈴陁羅尼印

準前鏁印進力檀惠各反相鉤陁羅尼曰

唵　跛日囉　揵荼讙

作此法者一切諸菩薩及聖者皆悉歡喜

唵 跋日囉 達荼護

作此法者一切諸佛菩薩及本聖者皆悉歡喜

獻遏伽水陁羅尼印

以欝金龍腦白檀香水盛遏伽器開佛部印

捧而供養陁羅尼曰

唵 跋日路 娜迦圻

作供養者如以一切如来金剛甘露灌一切衆

生頂除滅有情無量業障飲此水者除諸災患

百字陁羅尼印 結前劒印陁羅尼曰

唵 渴嘌伽二合 菩怛嚩二合 三摩也 麼努播羅也

渴嘌伽二合 菩怛嚩二合 薩怛嚩帝尾二合

怒跛底瑟姹你嘌二合 拏護二合揉口呼之 寐婆嚩素

鉢囉也磋　薩婆揭摩素者寐　乜多室利 二合

藥雉嚧 二合 吽訶訶訶訶呼 入聲 婆伽梵薩婆怛

他蘖多　渴嘌伽 二合 麼寐悶遮渴嘌霓 三合 婆嚩

麼訶　三麼耶薩怛嚩惡 引

誦此陁羅尼能令聖者歡喜堅固菩提所求

勝願能速成就　金剛嬉戲内供養陁羅尼印

堅固縛已直竪禪智以印當心陁羅尼曰

唵麼訶囉底 丁以反

作此法者如以一切如來智慧供養諸佛以

為遊戲

金剛内供養陁羅尼印

即以前印向前申臂如捧鬘供養勢陁羅尼曰

唵路跋瑜 去 婢作此法者如以菩提花而為供養

BD00059　金剛頂經曼殊室利菩薩五字心陀羅尼品附真言（擬）

即以前印向前申臂如捧鬘供養勢陁羅尼曰

唵 路跋輸去 鞞作此法者如以菩提花而為供養

金剛謌內供養陁羅尼印

准前印從齊而上至口方散如歌發想陁羅尼曰

唵 輸 嚧二合 怛囉二合 謨企曳二合

作此法者如以一切如来密言謌詠而為供養

金剛儛內供養陁羅尼印

准前印如謌詠想至口便散左旋合掌於頂

上散陁羅尼曰

唵 薩婆 補而曳 三合平聲

作此法者如以一切如来辯才而為供養

金剛香陁羅尼印

以金剛縛向地而散如焚香陁羅尼曰

吽

作此法者如焚世間一切妙香而爲供養能
令一切有情得涼果
金剛花陁羅尼印
以堅固縛向上散之如花勢陁羅尼曰
唵　跋日囉補澁閇
作此法者同以世間一切妙花而爲供養能
令一切有情速得具足三十二相
金剛燈陁羅尼印
如嬉獻印禪智急捏地陁羅尼曰
唵　跋日囉魯計
作此法者如以一切如來智燈而爲供養
能令有情速得成就如智慧金剛塗香陁羅尼
印　以堅固縛向心而散陁羅尼曰

BD00059　金剛頂經曼殊室利菩薩五字心陀羅尼品附真言（擬）

印　以堅固縛向心而散陁羅尼曰
唵　跛日囉巘提
作此法者如以尸羅智香而為供養令諸
有情速得清淨戒身
八供養以二羽相叉仰於齊下諦觀菩薩演
五字陁羅尼曰
五色明從口而出入於行者心月之中向字
當前餘四字右旋次第而布一一思惟五字
之義是名三摩地念誦若金剛念誦者依前
觀字急合齒令舌微動若言音念誦亦觀心
中一一字相依字而轉不緩不急令自聞結
前劍印誦七遍已捧菩提珠當心而念每日
四時不令間斷每時千遍或二千遍或五百

三百乃至八百劫令滅是諸身疲熱念惡趣業
生倍加精進慈悲喜捨如是脩習當知行人
滿足六度證諸如來一切三昧常得曼殊室
利乃至一切菩薩而為法侶膝上警試難可
須言諸脩行人自當證悟舉要言之精進脩
持現於此生得證初地後十六生當得成阿
耨多羅三藐三菩提是故行人當應敬奉若
欲心待有二種法一者發遣二者召菩薩入
於己身若發遣者一一依前八供養已即以
劍印誦陀羅尼
唵　跛日囉　底乞　瑟拏稈
即召發遣若召菩薩者依前四攝入自身
已以八印而為供養被金剛甲復誦三昧

BD00059　金剛頂經曼殊室利菩薩五字心陀羅尼品附真言（擬）

即出發遣若出菩薩者依前四攝入自身

已以八印而爲供養被金剛甲復誦三昧

陁羅尼任四威儀任其所適一切有情人非

人等親近行者聞音見形如親奉曼殊所

得功德其於利益難可挍量世間勝事不

求自獲若見諸人須敬敬者想彼人首戴

如來形然後拜跪若不示者陷彼衆生又

復自犯三昧耶禁若入觸處欲散身者復

想菩薩入旃娜囉

金剛頂經曼殊室利菩薩五字心陁羅尼品

娜慕囉怛娜　怛囉夜耶　娜慕阿哩耶　嚩嚕

吉帝　濕嚩囉耶　菩提薩耶　摩訶薩埵耶

耶慕膏巴毖乇耶　娑可落乞灑祈多　可哀

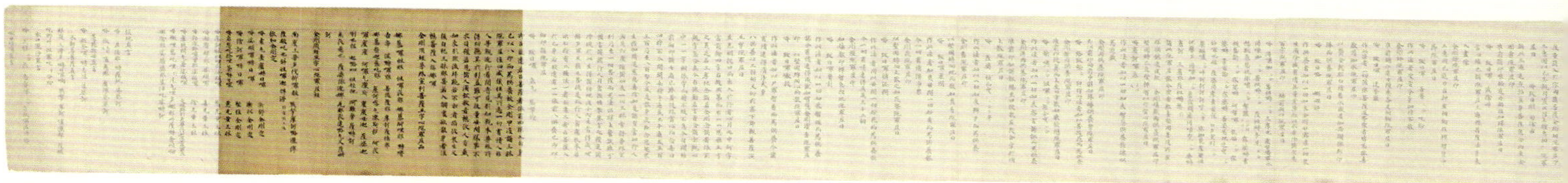

[illegible]麼[illegible] [illegible]其 麼麼毋边 薩婆边
唎也扭 迦路呬 怛姪他 阿難帝 薩嚩訶
慈夜慈也 薩婆微近娜 尾那夜建路乞叉 薩嚩
訶

金剛頂經五字心陁羅尼經

南麼三曼多伐折囉赧一 戰拏摩訶路灑儜
薩破吒也 斜怛囉迦 悍湯 引當誦三遍
微細金剛定
唵素乞差磨嚩日囉 漸舒金剛定
唵娑頗囉嚩日囉 漸収金剛定
唵僧訶囉嚩日囉 堅住金剛定
唵底瑟咤捺哩 荼嚩日囉 慈无量三昧
[illegible]阿昧怛哩耶[illegible]囉 悲无量三昧

BD00059　金剛頂經曼殊室利菩薩五字心陀羅尼品附真言（擬）

唵僧訶[illegible]日[illegible] 堅住金剛定

唵底瑟咤捺哩 荼嚩日囉 慈无量三昧

唵摩訶昧怛哩耶娑頗囉 悲无量三昧

唵迦嚕拏耶娑頗囉 喜无量三昧

唵勃陁鉢囉冒耶娑頗囉 捨无量三昧

唵摩秪閉乞差娑頗囉

文殊師利奚曷得迦使者陁羅尼

唵䋽哩瑟吒哩 引 尾乞哩多娜耶吽薩嚩奢怛𠽠

娜捨耶娑捨娑耶娑泮吒娑嚩訶

掘地真言

唵 𡰱佉耶 嚩薩地 娑婆訶

唵 微 无計反 嚧慈耶 磨攞娑婆訶

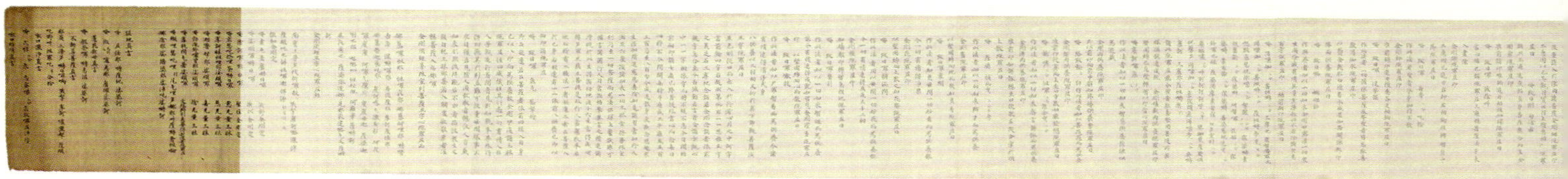

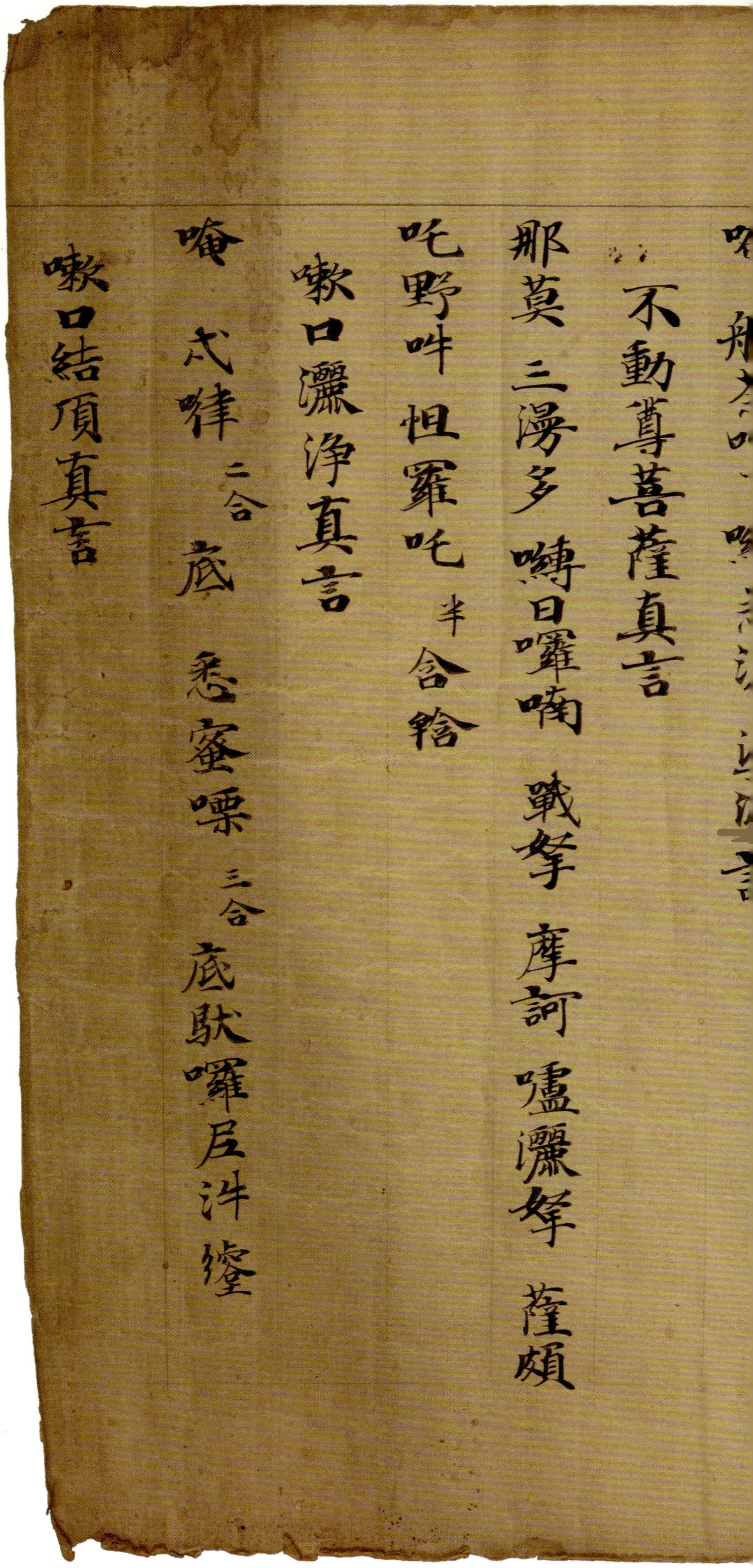

不動尊菩薩真言

那莫 三滿多 嚩日囉喃 戰拏 摩訶 嚧灑拏 薩頗

吒野吽 怛羅吒 半 含鋡

嗽口灑淨真言

唵 弍嚩 二合 底 悉窒嘌 三合 底馱囉尼泮縒

嗽口結頂真言

BD00059　金剛頂經曼殊室利菩薩五字心陀羅尼品附真言（擬）

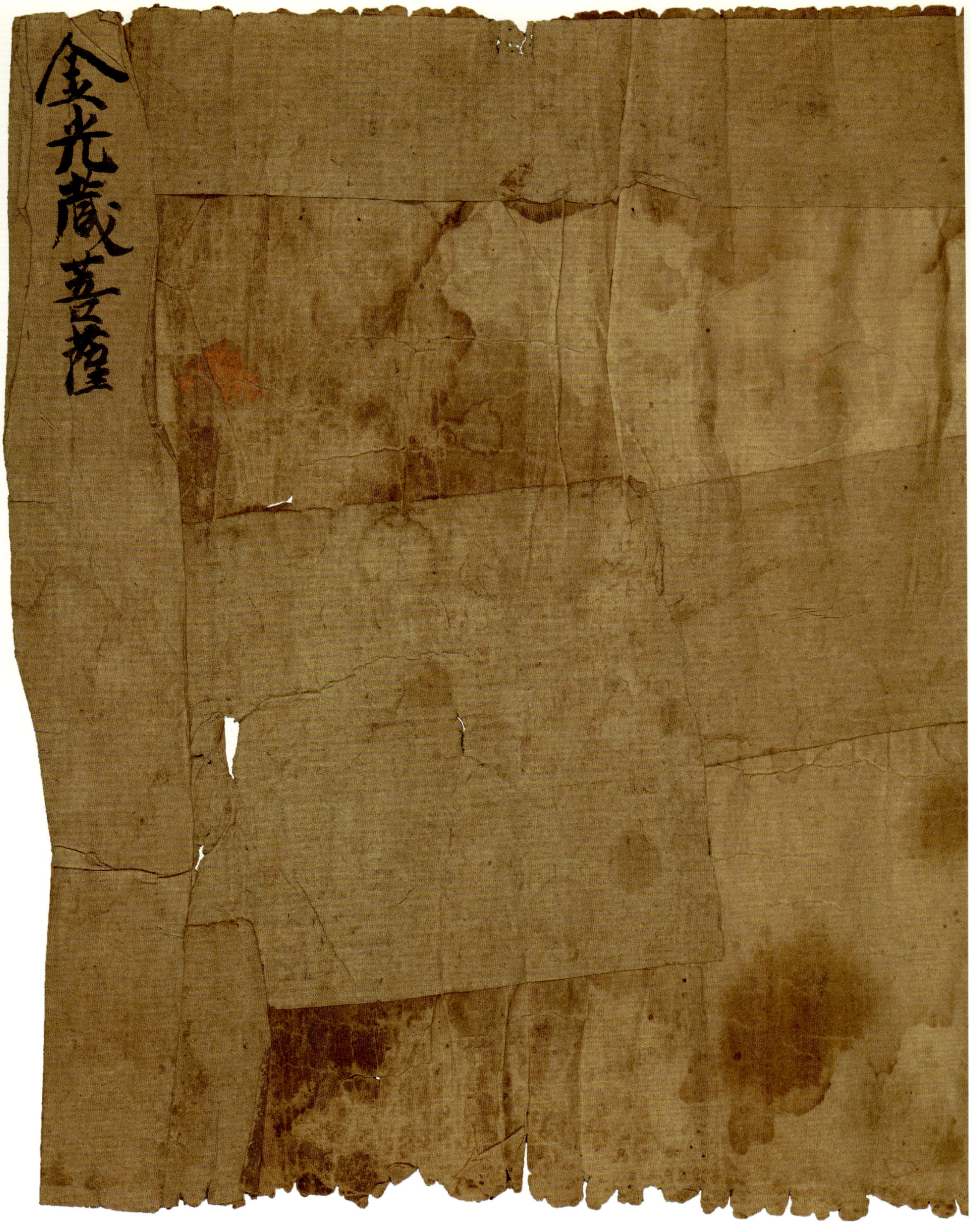
金光藏菩薩

BD00059v　雜寫

BD00060 妙法蓮華經卷三

（後秦）鳩摩羅什 譯

953.3cm × 27.9cm

亦復如
音聲普遍世
遍覆三千大千國
言我是如來應共正遍
解无上士調御丈夫天人……度
者令度未解者令解未安……安未涅槃者
令得涅槃今世後世如實知之我是一切知者一
切見者知道者開道者說道者汝等天人
阿脩羅衆皆應到此為聽法故尒時无數千
万億種衆生來至佛所而聽法如來于時觀
是衆生諸根利鈍精進懈怠隨其所堪而
為說法種種无量皆令歡喜快得善利是諸
衆生聞是法已現世安隱後生善處以道受
樂亦得聞法既聞法已離諸障礙於諸法中

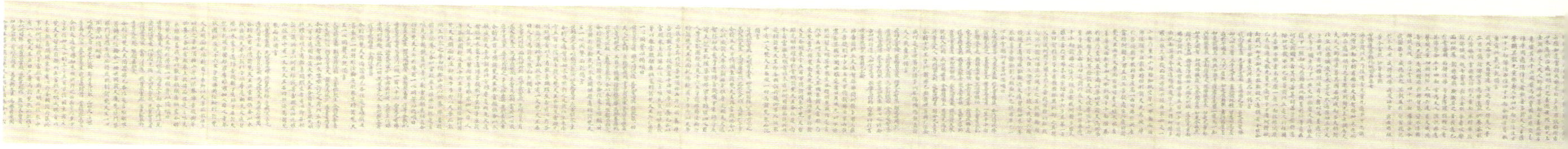

叢林及諸藥草如其種性具足蒙潤各得生
長如來說法一相一味所謂解脫相離相滅相
究竟至於一切種智其有衆生聞如是法若
持讀誦如說脩行所得功德不自覺知所以
者何唯有如來知此衆生種相體性念何事
思何事脩何事云何念云何思云何脩以何
法念以何法思以何法脩以何法得何法衆生
住於種種之地唯有如來如實見之明了无
礙如彼卉木叢林諸藥草等而不自知上中
下性如來知是一相一味之法所謂解脫相
離相滅相究竟涅槃常寂滅相終歸於空
佛知是已觀衆生心欲而將護之是故不即
爲說一切種智汝等迦葉甚爲希有能知
如來隨宜說法能信能受所以者何諸佛世

為說一切種智汝等迦葉甚為希有能知
如來隨宜說法能信能受所以者何諸佛世
尊隨宜說法難解難知尒時世尊欲重宣
此義而說偈言
破有法王　出現世間　隨衆生欲　種種說法
如來尊重　智慧深遠　久嘿斯要　不務速說
有智若聞　則能信解　无智疑悔　則為永失
是故迦葉　隨力為說　以種種緣　令得正見
迦葉當知　譬如大雲　起於世間　遍覆一切
惠雲含潤　電光晃曜　雷聲遠震　令衆悅豫
日光掩蔽　地上清涼　靉靆垂布　如可承攬
其雨普等　四方俱下　流澍无量　率土充洽
山川險谷　幽邃所生　卉木藥草　大小諸樹
百穀苗稼　甘蔗蒲桃　雨之所潤　无不豐足

乾地普洽 藥木並茂 其雲所出 一味之水
草木叢林 隨分受潤 一切諸樹 上中下等
稱其大小 各得生長 根莖枝葉 華果光色
一雨所及 皆得鮮澤 如其體相 性分大小
所潤是一 而各滋茂 佛亦如是 出現於世
譬如大雲 普覆一切 既出于世 為諸衆生
分別演說 諸法之實 大聖世尊 於諸天人
一切衆中 而宣是言 我為如來 兩足之尊
出于世間 猶如大雲 充潤一切 枯槁衆生
皆令離苦 得安隱樂 世間之樂 及涅槃樂
諸天人衆 一心善聽 皆應到此 覲无上尊
我為世尊 无能及者 安隱衆生 故現於世
為大衆說 甘露淨法 其法一味 解脫涅槃
以一妙音 演暢斯義 常為大乘 而作因緣
我觀一切 普皆平等 无有彼此 愛憎之心

以一妙音　演暢斯義　常為大乘　而作因緣
我觀一切　普皆平等　无有彼此　愛憎之心
我无貪著　亦无限礙　恒為一切　平等說法
如為一人　衆多亦然　常演說法　曾无他事
去来坐立　終不疲猒　充足世間　如雨普潤
貴賤上下　持戒毀戒　威儀具足　及不具足
正見耶見　利根鈍根　等雨法雨　而无懈惓
一切衆生　聞我法者　隨力所受　住於諸地
或處人天　轉輪聖王　釋梵諸王　是小藥草
知无漏法　能得涅槃　起六神通　及得三明
獨處山林　常行禪定　得緣覺證　是中藥草
求世尊處　我當作佛　行精進定　是上藥草
又諸佛子　專心佛道　常行慈悲　自知作佛
決定无疑　是名小樹　安住神通　轉不退輪

佛平等說　如一味雨　隨眾生性　所受不同
如彼草木　所稟各異　佛以此喻　方便開示
種種言辭　演說一法　於佛智慧　如海一渧
我雨法雨　充滿世間　一味之法　隨力修行
如彼叢林　藥草諸樹　隨其大小　漸增茂好
諸佛之法　常以一味　令諸世間　普得具足
漸次修行　皆得道果　聲聞緣覺　處於山林
住最後身　聞法得果　是名藥草　各得增長
若諸菩薩　智慧堅固　了達三界　求最上乘
是名小樹　而得增長　復有住禪　得神通力
聞諸法空　心大歡喜　放无數光　度諸眾生
是名大樹　而得增長　如是迦葉　佛所說法
譬如大雲　以一味雨　潤於人華　各得成實

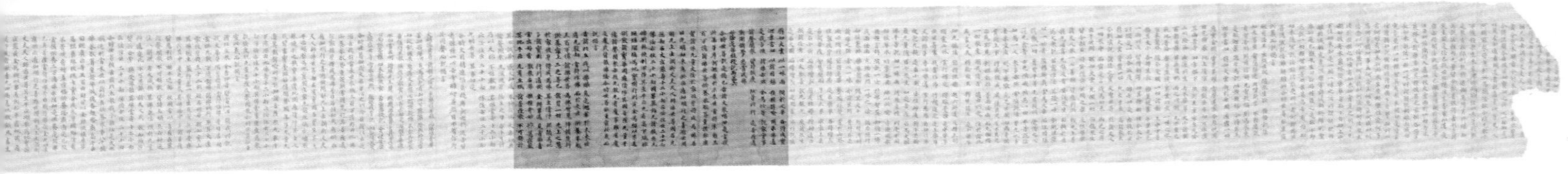

譬如大雲 以一味雨 潤於人華 各得成實
迦葉當知 以諸因緣 種種譬喻 開示佛道
是我方便 諸佛亦然 今為汝等 說寂實事
諸聲聞衆 皆非滅度 汝等所行 是菩薩道
漸漸脩學 悉當成佛

妙法蓮華經授記品第六

尒時世尊說是偈已告諸大衆唱如是言我
此弟子摩訶迦葉於未來世當得奉覲三
百万億諸佛世尊供養恭敬尊重讚歎廣
宣諸佛无量大法於寂後身得成為佛名
曰光明如来應供正遍知明行足善逝世間
解无上士調御丈夫天人師佛世尊國名光
德劫名大莊嚴壽十二小劫正法住世二十小劫
像法亦住二十小劫國界嚴飾无諸穢惡瓦

礫荊棘便利不淨其土平正无有高下坑坎
堆阜瑠璃為地寶樹行列黃金為繩以界道
側散諸寶華周遍清淨其國菩薩无量千
億諸聲聞衆亦復无數无有魔事雖有魔
及魔民皆護佛法尒時世尊欲重宣此義而
說偈言
告諸比丘　我以佛眼　見是迦葉　於未来世
過无數劫　當得作佛　而於来世　供養奉覲
三百万億　諸佛世尊　為佛智慧　淨脩梵行
供養㝡上　二足尊已　脩習一切　无上之慧
於㝡後身　得成為佛　其土清淨　琉璃為地
多諸寶樹　行列道側　金繩界道　見者歡喜
常出好香　散衆名華　種種奇妙　以為莊嚴
其地平正　无有丘坑　諸菩薩衆　不可稱計
其心調柔　逮大神通　奉持諸佛　大乘經典

其地平正　無有丘坑　諸菩薩衆　不可稱計
其心調柔　逮大神通　奉持諸佛　大乘經典
諸聲聞衆　無漏後身　法王之子　亦不可計
乃以天眼　不能數知　其佛當壽　十二小劫
正法住世　二十小劫　像法亦住　二十小劫
光明世尊　其事如是
爾時大目揵連須菩提摩訶迦旃延等皆
悉悚慄一心合掌瞻仰尊顔目不暫捨即
共同聲而說偈言
大雄猛世尊　諸釋之法王　哀愍我等故　而賜佛音聲
若知我深心　見爲授記者　如以甘露灑　除熱得清涼
如從飢國來　忽遇大王饍　心猶懷疑懼　未敢即便食
若復得王教　然後乃敢食　我等亦如是　每惟小乘過
不知當云何　得佛無上慧　雖聞佛音聲　言我等作佛

心尚懷憂懼　如未敢便食　若蒙佛授記　尒乃快安樂
大雄猛世尊　常欲安世間　願賜我等記　如飢須教食
尒時世尊知諸大弟子心之所念告諸比丘是
須菩提於當來世奉覲三百万億那由他佛
供養恭敬尊重讚歎常脩梵行具菩薩道
於最後身得成為佛号曰名相如來應供正
遍知明行足善逝世間解无上士調御丈夫
天人師佛世尊劫名有寶國名寶生其土
平正頗梨為地寶樹莊嚴无諸丘坑沙礫荊
棘便利之穢寶華覆地周遍清淨其土人
民皆處寶臺珎妙樓閣聲聞弟子无量无
邊筭數譬喻所不能知諸菩薩衆无數千
万億那由他佛壽十二小劫正法住世二十小
劫像法亦住二十小劫其佛常處虚空為衆

劫像法亦住二十小劫其佛常處虛空為衆
說法度脫无量菩薩及聲聞衆尒時世尊欲重
宣此義而說偈言

諸比丘衆　今告汝等　皆當一心　聽我所說
我大弟子　須菩提者　當得作佛　號曰名相
當供无數　万億諸佛　隨佛所行　漸具大道
㝡後身得　三十二相　端正姝妙　猶如寶山
其佛國土　嚴淨第一　衆生見者　無不愛樂
佛於其中　度无量衆　其佛法中　多諸菩薩
皆悉利根　轉不退輪　彼國常以　菩薩莊嚴
諸聲聞衆　不可稱數　皆得三明　具六神通
住八解脫　有大威德　其佛說法　現於无量
神通變化　不可思議　諸天人民　數如恒沙
皆共合掌　聽受佛語　其佛當壽　十二小劫

尒時世尊復告諸比丘衆我今語汝是大迦
旃延於當来世以諸供具供養奉事八千億
佛恭敬尊重諸佛滅後各起塔廟高千由
旬縱廣正等五百由旬皆以金銀琉璃車渠
馬瑙真珠玫瑰七寶合成衆華瓔珞塗香
末香燒香繒蓋幢幡供養塔廟過是已後
當復供養二万億佛亦復如是供養是諸佛
已具菩薩當得作佛号曰閻浮那提金光如来
應供正遍知明行足善逝世間解无上士調御
丈夫天人師佛世尊其土平正頗梨爲地寶樹
莊嚴黃金爲繩以界道側妙華覆地周遍
清淨見者歡喜无四惡道地獄餓鬼畜生
阿脩羅道多有天人諸聲聞衆及諸菩薩无

阿脩羅道多有天人諸聲聞衆及諸菩薩无
量万億莊嚴其國佛壽十二小劫正法住世二
十小劫像法亦住二十小劫尒時世尊欲重宣
此義而說偈言
諸比丘衆　皆一心聽　如我所說　真實无異
是迦栴延　當以種種　妙好供具　供養諸佛
諸佛滅後　起七寶塔　亦以華香　供養舍利
其冣後身　得佛智慧　成等正覺　國土清淨
度脫无量　万億衆生　皆為十方　之所供養
佛之光明　无能勝者　其佛号曰　閻浮金光
菩薩聲聞　斷一切有　无量无數　莊嚴其國
尒時世尊復告大衆我今語汝是大目揵連
當以種種供具供養八千諸佛恭敬尊重諸
佛滅後各起塔廟高千由旬縱廣正等五百

合成衆華瓔珞塗香末香燒香繒蓋幢幡以
用供養過是已後當復供養二百万億諸佛
亦復如是當得成佛号曰多摩羅跋栴檀香
如來應供正遍知明行足善逝世間解无上
士調御丈夫天人師佛世尊劫名喜滿國名
意樂其土平正頗梨為地寶樹莊嚴散真
珠華周遍清淨見者歡喜多諸天人菩薩
聲聞其數无量佛壽二十四小劫正法住世
四十小劫像法亦住四十小劫尒時世尊欲
重宣此義而說偈言
我此弟子　大目揵連　捨是身已　得見八千
二百万億　諸佛世尊　為佛道故　供養恭敬
於諸佛所　常脩梵行　於无量劫　奉持佛法
諸佛滅後　起七寶塔　長表金剎　華香伎樂

於諸佛所　常脩梵行　於无量劫　奉持佛法
諸佛滅後　起七寶塔　長表金剎　華香伎樂
而以供養　諸佛塔廟　漸漸具足　菩薩道已
於意樂國　而得作佛　号多摩羅　栴檀之香
其佛壽命　二十四劫　常為天人　演說佛道
聲聞无量　如恒河沙　三明六通　有大威德
菩薩无數　志固精進　於佛智慧　皆不退轉
佛滅度後　正法當住　四十小劫　像法亦尒
我諸弟子　威德具足　其數五百　皆當授記
於未來世　咸得成佛　我及汝等　宿世因緣
吾今當說　汝等善聽

妙法蓮華經化城喻品第七

佛告諸比丘乃往過去无量无邊不可思議
阿僧祇劫尒時有佛名大通智勝如來應供

正遍知明行足善逝世間解无上士調御丈
夫天人師佛世尊其國名好成劫名大相諸
比丘彼佛滅度已來甚大久遠譬如三千大
千世界所有地種假使有人磨以為墨過於
東方千國土乃下一點大如微塵又過千國土
復下一點如是展轉盡地種墨於汝等意云
何是諸國土若筭師若筭師弟子能得邊
際知其數不不也世尊諸比丘是人所經國
土若點不點盡末為塵一塵一劫彼佛滅度
已來復過是數无量无邊百千万億阿僧祇
劫我以如來知見力故觀彼久遠猶若今日尒
時世尊欲重宣此義而說偈言
我念過去世　无量无邊劫　有佛兩足尊　名大通智勝
如人以力磨　三千大千土　盡此諸地種　皆悉以為墨

如人以力磨　三千大千土　盡此諸地種　皆悉以為墨
過於千國土　乃下一塵點　如是展轉點　盡此諸塵墨
如是諸國土　點與不點等　復盡末為塵　一塵為一劫
此諸微塵數　其劫復過是　彼佛滅度來　如是无量劫
如來无礙智　知彼佛滅度　及聲聞菩薩　如見今滅度
諸比丘當知　佛智淨微妙　无漏无所礙　通達无量劫
佛告諸比丘大通智勝佛壽五百四十万億那
由他劫其佛本坐道場破魔軍已垂得阿耨多
羅三藐三菩提而諸佛法不現在前如是一
小劫乃至十小劫結跏趺坐身心不動而諸
佛法猶不在前尒時忉利諸天先為彼佛
於菩提樹下敷師子座高一由旬佛於此座
當得阿耨多羅三藐三菩提適坐此座時諸

萎華更雨新者如是不絕滿十小劫供養
於佛乃至滅度常雨此華四王諸天為供養
佛常擊天鼓其餘諸天作天伎樂滿十小劫
至于滅度亦復如是諸比丘大通智勝佛過
十小劫諸佛之法乃現在前成阿耨多羅三
藐三菩提其佛未出家時有十六子其第一者
名曰智積諸子各有種種珎異玩好之具聞
父得成阿耨多羅三藐三菩提皆捨所珎往
詣佛所諸母涕泣而隨送之其祖轉輪聖
王與一百大臣及餘百千万億人民皆共圍
繞隨至道場咸欲親近大通智勝如來供養
恭敬尊重讚歎到已頭面礼足繞佛畢已一
心合掌瞻仰世尊以偈頌曰
大威德世尊　為度衆生故　於无量億歲　尒乃得成佛
諸願已具足　善哉吉无上　世尊甚希有　一坐十小劫

大威德世尊 為度衆生故 於无量億歲 尒乃得成佛
諸願已具足 善哉吉无上 世尊甚希有 一坐十小劫
身體及手足 靜然安不動 其心常惔怕 未曾有散乱
究竟永寂滅 安住无漏法 今者見世尊 安隱成佛道
我等得善利 稱慶大歡喜 衆生常苦惱 盲瞑无導師
不識苦盡道 不知求解脫 長夜增惡趣 減損諸天衆
從瞑入於瞑 永不聞佛名 今佛得最上 安隱无漏法
我等及天人 為得最大利 是故咸稽首 歸命无上尊
尒時十六王子偈讚佛已勸請世尊轉於法輪
咸作是言世尊說法多所安隱憐愍饒益諸
天人民重說偈言
世雄无等倫 百福自莊嚴 得无上智慧 願為世間說
度脫於我等 及諸衆生類 為分別顯示 令得是智慧
若我等得佛 衆生亦復然 世尊知衆生 深心之所念

世尊悉知已　當轉无上輪

佛告諸比丘大通智勝佛得阿耨多羅三藐三菩提時十方各五百万億諸佛世界六種震動其國中間幽暝之處日月威光所不能照而皆大明其中衆生各得相見咸作是言此中云何忽生衆生又其國界諸天宮殿乃至梵宮六種震動大光普照遍滿世界勝諸天光尒時東方五百万億諸國土中梵天宮殿光明照曜倍於常明諸梵天王各作是念今者宮殿光明昔所未有以何因緣而現此相是時諸梵天王即各相詣共議此事而彼衆中有一大梵天王名救一切為諸梵衆而說偈言

偈言

等我諸宮殿 光明昔未有 此是何因緣 宜各共求之

為大德天生 為佛出世間 而此大光明 遍照於十方

尒時五百万億國土諸梵天王與宮殿俱各以衣裓盛諸天華共詣西方推尋是相見大通智勝如來處于道場菩提樹下坐師子座諸天龍王乾闥婆緊那羅摩睺羅伽人非人等恭敬圍繞及見十六王子請佛轉法輪即時諸梵天王頭面礼佛繞百千帀即以天華而散佛上其所散華如須弥山并以供養佛菩提樹其菩提樹高十由旬華供養已各以宮殿奉上彼佛而作是言唯見哀愍饒益我等所獻宮殿願垂納處時諸梵天王即於佛前一心同聲以偈頌曰

天人之大師 哀愍於世間 十方諸衆生 普皆蒙饒益
我等所從來 五百万億國 捨深禪定樂 為供養佛故
我等先世福 宮殿甚嚴飾 今以奉世間 唯願哀納受
尒時諸梵天王偈讚佛已各作是言唯願世
尊轉於法輪度脫衆生開涅槃道時諸梵天
王一心同聲而說偈言
世雄兩足尊 唯願演說法 以大慈悲力 度苦惱衆生
尒時大通智勝如來嘿然許之又諸比丘東南
方五百万億國土諸大梵天王各自見宮殿光
明照曜昔所未有歡喜踊躍生希有心即各
相詣共議此事而彼衆中有一大梵天王名
曰大悲為諸梵衆而說偈言
是事何因緣 而現如此相 我等諸宮殿 光明昔未有

是事何因緣　而現如此相　我等諸宮殿　光明昔未有
爲大德天生　爲佛出世間　未曾見此相　當共一心求
過千万億土　尋光共推之　多是佛出世　度脫苦衆生
尒時五百万億諸梵天王與宮殿俱各以衣
裓盛諸天華共詣西北方推尋是相見大通
智勝如來處于道場菩提樹下坐師子座諸
天龍王乾闥婆緊那羅摩睺羅伽人非人
等恭敬圍繞及見十六王子請佛轉法輪時諸
梵天王頭面礼佛繞百千帀即以天華而散
佛上所散之華如須弥山并以供養佛菩提
樹華供養已各以宮殿奉上彼佛而作是言
唯見哀愍饒益我等所獻宮殿願垂納處尒
時諸梵天王即於佛前一心同聲以偈頌曰
聖主天中王　迦陵頻伽聲　哀愍衆生者　我等今敬礼

世尊甚希有　久遠乃一現　一百八十劫　空過無有佛
三惡道充滿　諸天眾減少　今佛出於世　為眾生作眼
世間所歸趣　救護於一切　為眾生之父　哀愍饒益者
我等宿福慶　今得值世尊
尒時諸梵天王偈讚佛已各作是言唯願世
尊哀愍一切轉於法輪度脫眾生時諸梵天
王一心同聲而說偈言
大聖轉法輪　顯示諸法相　度苦惱眾生　令得大歡喜
眾生聞此法　得道若生天　諸惡道減少　忍善者增益
尒時大通智勝如來嘿然許之又諸比丘南方
五百万億國土諸大梵天王各自見宮殿光明
照曜昔所未有歡喜踊躍生希有心即各相
詣共議此事以何因緣我等宮殿有此光曜
而彼眾中有一大梵天王名曰妙法為諸梵
眾而說偈言

而彼衆中有一大梵天王名曰妙法為諸梵
衆而説偈言
我等諸宮殿　光明甚威曜　此非无因緣　是相宜求之
過於百千劫　未曾見是相　為大德天生　為佛出世間
尒時五百万億諸梵天王與宮殿俱各以衣
裓盛諸天華共詣北方推尋是相見大通智
勝如来處于道場菩提樹下坐師子座諸天
龍王乾闥婆緊那羅摩睺羅伽人非人等恭
敬圍繞及見十六王子請佛轉法輪時諸梵
天王頭面礼佛繞百千帀即以天華而散佛上
所散之華如須弥山并以供養佛菩提樹華
供養已各以宮殿奉上彼佛而作是言唯見
哀愍饒益我等所獻宮殿願垂納處尒時
諸梵天王即於佛前一心同聲以偈頌曰

世尊甚難見　破諸煩惱者　過百三十劫　今乃得一見

諸飢渴衆生　以法雨充滿　昔所未曾覩　无量智慧者

如優曇波羅　今日乃值遇　我等諸宮殿　蒙光故嚴飾

世尊大慈愍　唯願垂納受

尒時諸梵天王偈讚佛已各作是言唯願世

尊轉於法輪令一切世間諸天魔梵沙門婆

羅門皆獲安隱而得度脫時諸梵天王一心

同聲以偈頌曰

唯願天人尊　轉无上法輪　擊于大法鼓　而吹大法螺

普雨大法雨　度无量衆生　我等咸歸請　當演深遠音

尒時大通智勝如來嘿然許之西南方乃至下

方亦復如是尒時上方五百万億國土諸大

梵天王皆悉自覩所止宮殿光明威曜昔所

未有歡喜踊躍生希有心即各相詣共議此

事以何因緣我等宮殿有斯光明而彼

未有歡喜踊躍生希有心即各相詣共議此
事以何因緣我等宮殿有斯光明而彼衆中
有一大梵天王名曰尸棄為諸梵衆而說偈言
今以何因緣 我等諸宮殿 威德光明曜 嚴飾未曾有
如是之妙相 昔所未聞見 為大德天生 為佛出世間
尒時五百万億諸梵天王與宮殿俱各以衣
裓盛諸天華共詣下方推尋是相見大通智
勝如來處于道場菩提樹下坐師子座諸天
龍王乾闥婆緊那羅摩睺羅伽人非人等恭
敬圍繞及見十六王子請佛轉法輪時諸梵
天王頭面礼佛繞百千帀即以天華而散佛
上所散之華如須弥山并以供養佛菩提樹
華供養已各以宮殿奉上彼佛而作是言唯
見哀愍饒益我等所獻宮殿願垂納處尒

時諸梵天王　即於佛前　一心同聲　以偈頌曰

善哉見諸佛　救世之聖尊　能於三界獄　勉出諸眾生
普智天人尊　哀愍群萌類　能開甘露門　廣度於一切
於昔无量劫　空過无有佛　世尊未出時　十方常暗瞑
三惡道增長　阿脩羅亦盛　諸天眾轉減　死多墮惡道
不從佛聞法　常行不善事　色力及智慧　斯等皆減少
罪業因緣故　失樂及樂想　住於邪見法　不識善儀則
不蒙佛所化　常墮於惡道　佛為世間眼　久遠時乃出
哀愍諸眾生　故現於世間　超出成正覺　我等甚欣慶
及餘一切眾　喜歎未曾有　我等諸宮殿　蒙光故嚴飾
今以奉世尊　唯垂哀納受　願以此功德　普及於一切
我等與眾生　皆共成佛道

尒時五百万億諸梵天王偈讚佛已，各白佛言：唯願世尊轉於法輪，多所安隱，多所度脫。

時諸梵天王而說偈言

言唯願世尊轉於法輪多所安隱多所度脫
時諸梵天王而說偈言
世尊轉法輪　擊甘露法鼓　度苦惱衆生　開示涅槃道
唯願受我請　以大微妙音　哀愍而敷演　无量劫習法
尒時大通智勝如來受十方諸梵天王及十
六王子請即時三轉十二行法輪若沙門婆
羅門若天魔梵及餘世間所不能轉謂是苦
是苦集是苦滅是苦滅道及廣說十二因緣
法无明緣行行緣識識緣名色名色緣六入
六入緣觸觸緣受受緣愛愛緣取取緣有有
緣生生緣老死憂悲苦惱无明滅則行滅行滅
則識滅識滅則名色滅名色滅則六入滅六入
滅則觸滅觸滅則受滅受滅則愛滅愛滅則
取滅取滅則有滅有滅則生滅生滅則老

死憂悲苦惱滅佛於天人大衆之中說是法
時六百万億那由他人以不受一切法故而於
諸漏心得解脫皆得深妙禪定三明六通具
八解脫第二第三第四說法時千萬億恒
河沙那由他等衆生亦以不受一切法故而
於諸漏心得解脫從是已後諸聲聞衆无量
无邊不可稱數尒時十六王子皆以童子出
家而為沙弥諸根通利智慧明了已曾供養
百千万億諸佛淨脩梵行求阿耨多羅三藐
三菩提俱白佛言世尊是諸无量千万億
大德聲聞皆已成就世尊亦當為我等說
阿耨多羅三藐三菩提法我等聞已皆共脩
學世尊我等志願如來知見深心所念佛自
證知尒時轉輪聖王所將衆中八万億人見十
六王子出家亦求出家王即聽許尒時彼佛

證知尒時轉輪聖王所將衆中八万億人見十
六王子出家亦求出家王即聽尒時彼佛
受沙弥請過二万劫已乃於四衆之中說是
大乘經名妙法蓮華教菩薩法佛所護念說
是經已十六沙弥為阿耨多羅三藐三菩提故
皆共受持諷誦通利說是經時十六菩薩沙
弥皆悉信受聲聞衆中亦有信解其餘衆
生千万億種皆生疑惑佛說是經於八千
劫未曾休廢說此經已即入靜室住於禪定八
万四千劫是時十六菩薩沙弥知佛入室寂
然禪定各昇法座亦於八万四千劫為四部
衆廣說分別妙法華經一一皆度六百万億
那由他恒河沙等衆生示教利喜令發阿耨
多羅三藐三菩提心大通智勝佛過八万四

千劫已從三昧起往詣法座安詳而坐普告
大衆是十六菩薩沙弥甚爲希有諸根通
利智慧明了已曾供養无量千万億數諸佛
於諸佛所常脩梵行受持佛智開示衆生令
入其中汝等皆當數數親近而供養之所以者
何若聲聞辟支佛及諸菩薩能信是十六
菩薩所說經法受持不毀者是人皆當得
阿耨多羅三藐三菩提如來之慧佛告諸比丘
是十六菩薩常樂說是妙法蓮華經一一菩薩
所化六百万億那由他恒河沙等衆生世世所
生與菩薩俱從其聞法悉皆信解以因緣得
值四万億諸佛世尊于今不盡諸比丘我今
語汝彼佛弟子十六沙弥今皆得阿耨多羅
三藐三菩提於十方國土現在說法有
无量百千万億菩薩聲聞以爲眷屬其二

三藐三菩提於十方國土現在説法有
无量百千万億菩薩聲聞以爲眷屬其二
沙弥東方作佛一名阿閦在歡喜國二名
須弥頂東南方二佛一名師子音二名師子
相南方二佛一名虛空住二名常滅西南方二
佛一名帝相二名梵相西方二佛一名阿弥陁
二名度一切世間苦惱西北方二佛一名名摩
羅跋栴檀香神通二名須弥相北方二佛一名
雲自在二名雲自在王東北方佛名壞一切
世間怖畏第十六我釋迦牟尼佛於娑婆國
土成阿耨多羅三藐三菩提諸比丘我等爲
沙弥時各各教化无量百千万億恒河沙等
衆生從我聞法爲阿耨多羅三藐三菩提
此諸衆生於今有住聲聞地者我常教化阿

耨多羅三藐三菩提是諸人等應以是法漸
入佛道所以者何如來智慧難信難解尒
時所化无量恒河沙等衆生者汝等諸比丘
及我滅度後未來世中聲聞弟子是也我滅
度後復有弟子不聞是經不知不覺菩薩
所行自於所得功德生滅度想當入涅槃我
於餘國作佛更有異名是人雖生滅度之想
入於涅槃而於彼土求佛智慧得聞是經唯
以佛乘而得滅度更无餘乘除諸如來方便說
法諸比丘若如來自知涅槃時到衆又清淨
信解堅固了達空法深入禪定便集諸菩
薩及聲聞衆為說是經世間无有二乘而得
滅度唯一佛乘得滅度耳比丘當知如來方便
深入衆生之性知其志樂小法深著五欲為
是等故說於涅槃是人若聞則便信受譬如五

深入衆生之性知其志樂小法深著五欲為
是等故說於涅槃是人若聞則便信受譬如五
百由旬險難惡道曠絕无人怖畏之處若有
多衆欲過此道至珎寶處有一導師聰慧
明達善知險道通塞之相將導衆人欲過
此難所將人衆中路懈退白導師言我等疲
極而復怖畏不能復進前路猶遠今欲退還
導師多諸方便而作是念此等可愍云何捨大
珎寶而欲退還作是念已以方便力於險道中
過三百由旬化作一城告衆人言汝等勿怖
莫得退還今此大城可於中止隨意所作若
入是城快得安隱若能前至寶所亦可得去
是時疲極之衆心大歡喜歎未曾有我等
今者免斯惡道快得安隱於是衆人前入

人城生已度想生安隱想尒時導師知此人
眾既得止息无復疲惓即滅化城語眾人言
汝等去來寶處在近向者大城我所化作為
止息耳諸比丘如來亦復如是今為汝等作大
導師知諸生死煩惱惡道險難長遠應去
應度若眾生但聞一佛乘者則不欲見佛不
欲親近便作是念佛道長遠久受勤苦乃可
得成佛知是心怯弱下劣以方便力而於中
道為止息故說二涅槃若眾生住於二地如來
尒時即便為說汝等所作未辦汝所住地近於
佛慧當觀察籌量所得涅槃非真實也但
是如來方便之力於一佛乘分別說三如彼
道師為止息故化作大城既知息已而告之
言寶處在近此城非實我化作耳尒時世

道師為止息故化作大城既知息已而告之
言寶處在近此城非實我化作耳尒時世
尊欲重宣此義而說偈言
大通智勝佛　十劫坐道場　佛法不現前　不得成佛道
諸天神龍王　阿脩羅衆等　常雨於天華　以供養彼佛
諸天擊天鼓　并作衆伎樂　香風吹萎華　更雨新好者
過十小劫已　乃得成佛道　諸天及世人　心皆懷踊躍
彼佛十六子　皆與其眷屬　千万億圍繞　俱行至佛所
頭面礼佛足　而請轉法輪　聖師子法雨　充我及一切
世尊甚難值　久遠時一現　為覺悟群生　震動於一切
東方諸世界　五百万億國　梵宮殿光曜　昔所未曾有
諸梵見此相　尋來至佛所　散華以供養　并奉上宮殿
請佛轉法輪　以偈而讚歎　佛知時未至　受請嘿然坐
三方及四維　上下亦復尒　散華奉宮殿　請佛轉法輪

世尊甚難值　願以大慈悲　廣開甘露門　轉无上法輪
无量慧世尊　受彼衆人請　爲宣種種法　四諦十二緣
无明至老死　皆從生緣有　如是衆過患　汝等應當知
宣暢是法時　六百万億姟　得盡諸苦際　皆成阿羅漢
第二說法時　千万恒沙衆　於諸法不受　亦得阿羅漢
從是後得道　其數无有量　万億劫筭數　不能得其邊
時十六王子　出家作沙弥　皆共請彼佛　演說大乘法
我等及營從　皆當成佛道　願得如世尊　慧眼第一淨
佛知童子心　宿世之所行　以无量因緣　種種諸譬喻
說六波羅蜜　及諸神通事　分別真實法　菩薩所行道
說是法華經　如恒河沙偈　彼佛說經已　靜室入禪定
一心一處坐　八万四千劫　是諸沙弥等　知佛禪未出
爲无量億衆　說佛无上慧　各各坐法座　說是大乘經
於佛宴寂後　宣揚助法化　一一沙弥等　所度諸衆生
有六百万億　恒河沙等衆　彼佛滅度後　是諸聞法者

BD00060　妙法蓮華經卷三

於佛宴寂後　宣揚助法化　一一沙彌等　所度諸衆生
有六百万億　恒河沙等衆　彼佛滅度後　是諸聞法者
在在諸佛土　常與師俱生　是十六沙彌　具足行佛道
今現在十方　各得成正覺　尒時聞法者　各在諸佛所
其有住聲聞　漸教以佛道　我在十六數　曾亦爲汝說
是故以方便　引汝趣佛慧　以是本因緣　今說法華經
令汝入佛道　慎勿懷驚懼　譬如險惡道　迥絕多毒獸
又復无水草　人所怖畏處　无數千万衆　欲過此險道
其路甚曠遠　經五百由旬　時有一導師　強識有智慧
明了心決定　在險濟衆難　衆人皆疲惓　而白導師言
我等今頓乏　於此欲退還　導師作是念　此輩甚可愍
如何欲退還　而失大珍寶　尋時思方便　當設神通力
化作大城郭　莊嚴諸舍宅　周帀有園林　渠流及浴池
重門高樓閣　男女皆充滿　即作是化已　慰衆言勿懼

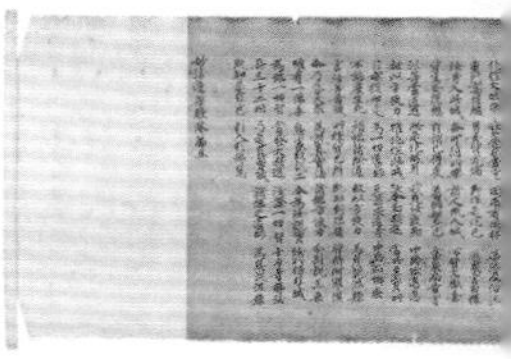

汝等入此城　各可隨所樂　諸人既入城　心皆大歡喜
皆生安隱想　自謂已得度　導師知息已　集衆而告言
汝等當道進　此是化城耳　我見汝疲極　中路欲退還
故以方便力　權化作此城　汝今勤精進　當共至寶所
我亦復如是　為一切導師　見諸求道者　中路而懈癈
不能度生死　煩惱諸險道　故以方便力　為息說涅槃
言汝等苦滅　所作皆已辦　既知到涅槃　皆得阿羅漢
尒乃集大衆　為說真實法　諸佛方便力　分别說三乘
唯有一佛乘　息處故說二　今為汝說實　汝所得非滅
為佛一切智　當發大精進　汝證一切智　十力等佛法
具三十二相　乃是真實滅　諸佛之導師　為息說涅槃
既知是息已　引入於佛慧

妙法蓮華經卷第三

妙法蓮華經卷第三

BD00061A

維摩詰所說經卷中

（後秦）鳩摩羅什 譯

178cm × 26cm

不動本處
諸佛之具菩薩於
十方國土所有日月星
一毛孔普使見之又舍利弗十方世界
所有諸風菩薩悉能吸着口中而身无損外
諸樹木亦不摧折又十方世界劫盡燒時以一
切火內於腹中火事如故而不爲害又於下
方過恒河沙等諸佛世界取一佛土擧着上
方過恒河沙无數世界如持針鋒擧一棗葉
而无所嬈又舍利弗住不可思議解脫菩薩
能以神通現作佛身或現辟支佛身或現聲
聞身或現帝釋身或現梵王身或現世主身

或現轉輪王身又十方世界所有衆聲上中
下音皆能變之令作佛聲演出无常苦空无
我之音及十方諸佛所說種種之法皆於其
中普令得聞舍利弗我今略說菩薩不可思
議解脫之力若廣說者窮劫不盡　是時大迦
葉聞說菩薩不可思議解脫法門歎未曾有
謂舍利弗譬如有人於盲者前現衆色像非
彼所見一切聲聞聞是不可思議解脫法門
不能解了爲若此也智者聞是其誰不發阿
耨多羅三藐三菩提心我等何爲永絕其根
於此大乘已如敗種一切聲聞聞是不可思
議解脫法門皆應號泣聲震三千大
一切菩薩應大欣慶頂受此法若有菩薩信
解不可思議解脫法門者一切魔衆无如之可

議解脫法門皆應號泣聲震三千大
一切菩薩應大欣慶頂受此法若有菩薩信
解不可思議解脫門者一切魔衆无如之何
大迦葉說是語時三万二千天子皆發阿耨
多羅三藐三菩提心
尒時維摩詰語大迦葉仁者十方无量阿僧
祇世界中作魔王者多是住不可思議解脫
菩薩以方便力教化衆生現作魔王又[illegible]葉
十方无量菩薩或有人從乞[illegible]鼻頭目
髓腦血肉皮骨聚落城邑妻子奴婢[illegible]馬車
乘金銀瑠璃車璖馬瑙珊瑚虎魄真珠珂貝
衣服飲食如此乞者多是住不可思議解脫
菩薩以方便力而往試之令其堅固所以者
何住不可思議解脫菩薩有威德力故行逼

示諸衆生如是難事凡夫下劣无有力勢
不能如是逼迫菩薩譬如龍象蹴踏非驢所
堪是名住不可思議解脫菩薩智慧方便
之門

觀衆生品第七

尒時文殊師利問維摩詰言菩薩云何觀於
衆生維摩詰言譬如幻師見所幻人菩薩
觀衆生爲若此如智者見水中月如鏡中見
其面像如熱時炎如呼聲響如空中雲如水
聚沫如水上泡如芭蕉堅如電久住如第五
大如第六陰如第七情如十三入如十九界菩
薩觀衆生爲若此如无色界色如焦穀牙
如須陁洹身見如阿那含入胎如阿羅漢三
毒如得忍菩薩貪恚毀禁如佛煩惱習如盲

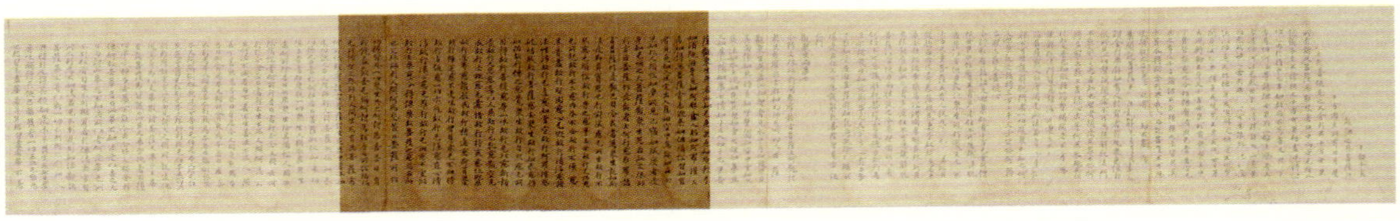

薩觀衆生爲若此如无色界色如燋穀牙
如須陁洹身見如阿那含入胎如阿羅漢三
毒如得忍菩薩貪恚毀禁如佛煩惱習如盲
者見色如入滅定出入息如空中鳥跡如石女
兒如化人煩惱如夢所見已寤如滅度者受
身如无烟之火菩薩觀衆生爲若此文殊師
利言若菩薩作是觀者云何行慈維摩詰
言菩薩作是觀已自念我當爲衆生説如斯
法是即真實慈也行寂滅慈无所生故行不
熱慈无煩惱故行等之慈等三世故行无諍慈
无所起故行不二慈内外不合故行不壞慈
畢竟盡故行堅固慈心无毀故行清淨慈諸
法性淨故行无邊慈如虚空故行阿羅漢慈
破結賊故行菩薩慈安衆生故行如來慈得

如相故行佛之慈覺衆生故行自然慈无
因得故行菩提慈等一味故行无比慈斷諸
愛故行大悲慈導以大乘故行无猒慈觀空无
我故行法施慈无遺惜故行持戒慈化毀禁
故行忍辱慈護彼我故行精進慈荷負衆生
故行禪定慈不受味故行智慧慈无不知時
故行方便慈一切示現故行无隱慈直心清
淨故行深心慈无雜行故行无誑慈不虛假
故行安樂慈令得佛樂故菩薩之慈爲若此
也文殊師利又問何謂爲悲荅曰菩薩所作
功德皆與一切衆生共之何謂爲喜荅曰有
所饒益歡喜无悔何謂爲捨荅曰所作福祐
无所悕望文殊師利又問生死有畏菩薩當
何所依維摩詰言菩薩於生死畏中當依如

无所悕望文殊師利又問生死有畏菩薩當
何所依維摩詰言菩薩於生死畏中當依如
来功德之力文殊師利又問菩薩欲依如来
功德之力當於何住荅曰菩薩欲依如来功
德力者當住度脫一切衆生又問欲度衆生
當何所除荅曰欲度衆生除其煩惱又問欲
除煩惱當何所行荅曰當行正念又問云何
行於正念荅曰當行不生不滅又問何法不
生何法不滅荅曰不善不生善法不滅又問
善不善孰為本荅曰身為本又問身孰為本
荅曰欲貪為本又問欲貪孰為本荅曰虛妄
分別為本又問虛妄分別孰為本荅曰顛倒想為
本又問顛倒想孰為本荅曰无住為本又問无住
孰為本荅曰无住則无本文殊師利從无住本立一切法

時維摩詰室有一天女見諸大人聞所説法便現其身即以天華散諸菩薩大弟子上華至諸菩薩即皆墮落至大弟子便著不墮一切弟子神力去華不能令去尒時天問舍利弗何故去華荅曰此華不如法是以去之天曰勿謂此華為不如法所以者何是華无所分別仁者自生分別想耳若於佛法出家有所分別為不如法若无分別是則如法觀諸菩薩華不著者以斷一切分別想故譬如人畏時非人得其便如是弟子畏生死故色聲香味觸得其便已離畏者一切五欲无能為也結習未盡華著身耳結習盡者華不著

BD00061B 無量壽宗要經（甲本）

98cm × 27.5cm

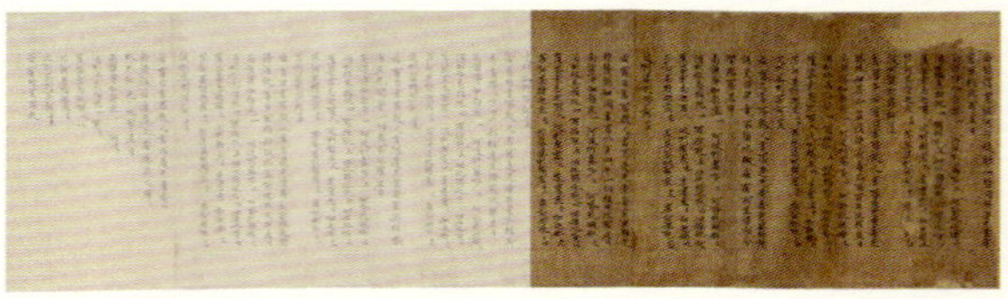

尒時復有恒河沙㛪佛一時同聲是无量壽
宗要經陁羅尼曰
南謨薄伽勃底一 阿波唎蜜哆二 阿喻紇硯娜三
須毗你悉栺陁四 囉佐耶五 怛他羯他耶六 怛姪他唵七
薩婆桒悉迦囉八 波唎輸底九 達磨底十 伽迦娜十一
莎訶某特迦底十二 莎婆婆毗輸底十三 摩訶[illegible]耶十四
波唎婆唎莎訶十五
善男子若有自書寫教人書寫是无量壽宗
要經如其命盡復得長壽而滿百年陁羅尼曰
南謨薄伽勃底一 阿波唎蜜哆二 阿喻紇硯娜三
須毗你悉栺陁四 囉佐耶五 怛他羯他耶六 怛姪他唵七
薩婆桒悉迦囉八 波唎輸底九 達磨底十 伽迦娜十一
莎訶某特迦底十二 莎婆婆毗輸底十三 摩訶娜耶十四

若有自書寫教人書寫是无量壽宗要經讀
誦受持畢竟不墮地獄在在所生得宿命
智陁羅尼曰
南謨薄伽勃底一　阿波唎蜜哆二　阿喻紇硯娜三
須毗你悉指陁四　囉佐耶五　怛他羯他耶六　怛姪他唵七
薩婆桑悉迦囉八　波唎輸底九　達磨底十　伽迦娜十一
莎訶某特迦底十二　莎婆婆毗輸底十三　摩訶娜耶十四
波唎婆唎莎訶十五
若有自書寫教人書寫是无量壽宗要經受
持讀誦如同書寫八万四千一切經典陁羅尼曰
南謨薄伽勃底一　阿波唎蜜哆二　阿喻紇硯娜三
須毗你悉指陁四　囉佐耶五　怛他羯他耶六　怛姪他唵七
薩婆桑悉迦囉八　波唎輸底九　達磨底十　伽迦娜十一
莎訶某特迦底十二　莎婆婆毗輸底十三　摩訶娜耶十四

莎訶其特迦底 十二 莎婆婆毗輸底 十三 摩訶娜耶 十四
波唎婆唎莎訶 十五
若有自書寫教人書寫是无量壽宗要經即
是書寫八万四千部經建立塔廟陁羅尼曰
南謨薄伽勃底 一 阿波唎蜜多 二 阿喻紇硯娜 三
須毗你悉指陁 四 囉佐耶 五 怛他羯他耶 六 怛姪他唵 七
薩婆桒悉迦囉 八 波唎輸底 九 達磨底 十 伽迦娜 十一
莎訶其特迦底 十二 莎婆婆毗輸底 十三 摩訶娜耶 十四
波唎婆唎莎訶 十五
若有自書寫教人書寫是无量壽宗要經能
消五无間等一切重罪陁羅尼曰
南謨薄伽勃底 一 阿波唎蜜多 二 阿喻紇硯娜 三
須毗你悉指陁 四 囉佐耶 五 怛他羯他耶 六 怛姪他唵 七
薩婆桒悉迦囉 八 波唎輸底 九 達磨底 十 伽迦娜 十一
莎訶其特迦底 十二 莎婆婆毗輸底 十三 摩訶娜耶 十四

莎唎婆唎莎訶十

若有自書寫教人書寫是无量壽宗要經受持

讀誦設有重罪猶如須弥盡能除滅陁羅尼曰

南謨薄伽勃底一 阿波唎蜜哆二 阿喻紇硯娜三

須毗你志指陁四 囉佐耶五 怛他羯他耶六 怛姪他唵七

薩婆桑志迦囉八 波唎輸底九 達磨底 伽迦娜十

莎訶某特迦底十二 莎婆婆毗輸底十三 摩訶娜耶十四

波唎婆唎莎訶十五

若有自書寫教人書寫是无量壽

持讀誦若魔魔之眷屬夜叉羅

終无枉死 陁羅尼曰

南謨薄伽勃底一 阿波

須毗你志指陁四 囉

薩婆桑志迦囉八

莎訶某特迦底十

薩婆桒志迦囉八十
莎訶其特迦底十二
波唎婆唎莎訶十五
若有自書寫教

BD00062 四分律比丘戒本

（後秦）佛陀耶舍 譯

（唐）懷素 集

BD00062v-1 患文（擬）

BD00062v-2 社文

BD00062v-3 雜寫

786.5cm × 27cm

等忍可彼比丘言大德
語比丘律語
說我等忍可
德莫破壞和合僧汝等
僧和合與僧和合歡喜不諍同一師
有增益安樂住是比
丘應三諫捨是事
僧伽婆尸沙　僧伽婆
若比丘依聚落若城邑
亦見亦聞行惡行亦見亦聞
言大德汙他家行惡行汙他家
行亦見亦聞大德汝汙他家行
落去不須住此是比丘語彼比丘言
愛有恚有怖有癡有如是同罪比丘

默者[illegible]

恚有怖有癡有如是同罪比丘有駈者有
而諸比丘不愛不恚不怖不癡大德汙他家行惡
行汙他家亦見亦聞行惡行亦見亦聞是比丘如是
諫時堅持不捨彼比丘應三諫捨此事故乃至三
諫捨者善不捨者僧伽婆尸沙
若比丘惡性不受人語於戒法中諸比丘如法諫已
自身不受諫語言諸大德莫向我說若好若惡我
亦不向諸大德說若好若惡諸大德且止莫諫我
彼比丘諫是比丘言大德莫自身不受諫語大德自
身當受諫語大德如法諫諸比丘諸比丘亦如法
諫大德如是佛弟子衆得增益展轉相諫展轉
相教展轉懺悔是比丘如是諫時堅持不捨彼比
丘應三諫捨是事故乃至三諫捨者善不捨者
僧伽婆尸沙
諸大德我已說十三僧伽婆尸沙法九初犯四乃至三

僧伽婆尸沙

諸大德我已説十三僧伽婆尸沙法九初犯四乃至三
諫若比丘犯一一法知而覆藏應强與波利婆沙行波
利婆沙竟增上與六夜摩那埵行摩那埵已餘有
出罪法應二十僧中出是比丘罪若少一人不滿廿衆
出是比丘罪是比丘罪不得除諸比丘亦可呵此是時
今問諸大德是中清淨不 三説
諸大德是中清淨嘿然故是事如是持

諸大德是二不定法半月半月説戒經中來
若比丘共女人獨在屏處覆處鄣處可作婬處坐
説非法語有任信優婆夷於三法中一一法説若波
羅夷若僧伽婆尸沙若波逸提是坐比丘自言我
犯是罪於三法中應一一治若波羅夷若僧伽婆
尸沙若波逸提如任信優婆夷所説應如法治是比
丘是名不定法
若比丘共女人在露現處不可作婬處坐説麁惡語

有住信優婆夷於二法中一一法說若僧伽婆尸沙若
波逸提是坐比丘自言我犯是事於二法中應一一
法治若僧伽婆尸沙若波逸提如住信優婆夷所
說應如法治是比丘是名不定法
諸大德我已說二不定法今問諸大德是中清淨不 三說
諸大德是中清淨嘿然故是事如是持
諸大德是三十尼薩耆波逸提法半月半月說戒經中來
若比丘衣已竟迦絺那衣已出畜長衣經十日不淨
施得畜若過十日尼薩耆波逸提
若比丘衣已竟迦絺那衣已出於三衣中離一一衣
異處宿除僧羯磨尼薩耆波逸提
若比丘衣已竟迦絺那衣已出若比丘得非時衣欲
須便受受已疾疾成衣若足者善若不足者得
畜經一月為滿足故若過畜者尼薩耆波逸提
若比丘從非親里比丘尼取衣除貿易尼薩耆波逸提

[illegible]

若比丘從非親里比丘尼取衣除貿易尼薩耆波逸提

若比丘令非親里比丘尼浣故衣若染若打尼薩耆

波逸提

若比丘從非親里居士若居士婦乞衣除餘時尼薩

耆波逸提餘時者若比丘奪衣失衣燒衣漂衣是

謂餘時

若比丘失衣奪衣燒衣漂衣若非親里居士居士

婦自恣請多與衣是比丘當知足受衣若過受者

尼薩耆波逸提

若比丘居士居士婦為比丘辦衣價買如是衣與某甲

比丘是比丘先不受自恣請到居士家作如是說善

哉居士為我買如是如是衣與我為好故若得衣

者尼薩耆波逸提

若比丘二居士居士婦與比丘辦衣價持如是衣價

買如是衣與某甲比丘是比丘先不受居士自恣請

[illegible]家作如是言善哉辦如是如是衣價與
我共作一衣為好故若得衣者尼薩耆波逸提
若比丘若王若大臣若婆羅門若居士居士婦遣
使為比丘送衣價持如是衣價與某甲比丘彼使人
至比丘所語比丘言大德今為汝故送是衣價受取是比丘應
語彼使如是言我不應受此衣價我若須衣合時
清淨當受彼使語比丘言大德有執事人不須衣
比丘應語言有若僧伽藍民若優婆塞此是比丘
執事人常為諸比丘執事時彼使往至執事人所與
衣價已還至比丘所作如是言大德所示某甲執事人
我已與衣價大德知時往彼當得衣須衣比丘當
往執事人所若二反三反為作憶念應語言我須
衣若二反三反為作憶念若得衣者善若不得衣
應四反五反六反在前嘿然立若四反五反六反在
前嘿然住得衣者善若不得衣過是求得衣者

婦　優

前嘿然住得衣者善若不得衣過是求得衣者
尼薩耆波逸提若不得衣從所得衣價處若自
往若遣使往語言汝先遣使持衣價與某甲比丘是
比丘竟不得汝還取莫使失此是時 十
若比丘雜野蠶綿作新卧具者尼薩耆波逸提
若比丘以新純黑羺羊毛作新卧具者尼薩耆波逸提
若比丘作新卧具應用二分純黑羊毛三分白四分尨若比
丘不用二分黑三分白四分尨作新卧具者尼薩耆波逸提
若比丘作新卧具持至滿六年若減六年不捨故更
作新者除僧羯磨尼薩耆波逸提
若比丘作新坐具當取故者縱廣一搩手緣著新
者上爲壞色故若作新坐具不取故縱廣一搩手
緣著新者上用壞色故尼薩耆波逸提
若比丘道路行得羊毛若無人持得自持乃至三由
旬若無人持自持過三由旬尼薩耆波逸提

若比丘使非親里比丘尼浣染擘羊毛者尼薩耆波
逸提
若比丘自手捉錢若金銀若教人捉若置地受者
尼薩耆波逸提
若比丘種種賣買者尼薩耆波逸提
若比丘種種販賣者尼薩耆波逸提 二十
若比丘畜長鉢不淨施得齋十日過者尼薩耆波
逸提
若比丘畜鉢減五綴不漏更求新鉢為好故尼薩
耆波逸提彼比丘應往僧中捨展轉取冣下鉢與
之令持乃至破應持此是時
若比丘自乞縷綫使非親里比丘尼織師織作衣者
尼薩耆波逸提
若比丘居士居士婦使織師為比丘織作衣彼比丘先
不受自恣請便往織師所語言此衣為我作與我

若比丘居士居士婦使織師爲比丘織作衣彼比丘先
不受自恣請便往織師所語言此衣爲我作與我
極好織令廣大堅緻我當少多與汝價是比丘與
衣價乃至一食直若得衣者尼薩耆波逸提
若比丘先與比丘衣後瞋恚故若自奪若教人奪
取還我衣來不與汝若比丘還衣彼取衣者尼薩
耆波逸提
若比丘有病畜殘藥蘇油生蘇蜜石蜜齊七日
得服若過七日服者尼薩耆波逸提
若比丘春殘一月在當求雨浴衣半月應用浴若
比丘過一月前求雨浴衣過半月前用浴尼薩耆波逸
提
若比丘居十日未竟夏三月諸比丘得急施衣比
丘知是急施衣當受受已乃至衣時應畜若過
畜者尼薩耆波逸提
若比丘夏三月竟已後迦提一月滿在阿蘭若迥

恐懼住比丘在如是處住三衣中欲留一一衣置舍
內諸比丘有因緣離衣宿乃至六夜若過者尼薩
耆波逸提
若比丘知是僧物自求入己者尼薩耆波逸提
諸大德我已說三十尼薩耆波逸提法今問諸大
德是中清淨不 三說
諸大德是中清淨嘿然故是事如是持
諸大德是九十波逸提法半月半月說戒經中來
若比丘知而妄語者波逸提
若比丘種類毀呰語者波逸提
若比丘兩舌語者波逸提
若比丘與婦女同室宿者波逸提
若比丘與未受大戒人共宿過二宿至三宿波逸提
若比丘與未受大戒人同誦者波逸提
若比丘知他比丘有麤惡罪向未受大戒人說除
僧羯磨波逸提

若比丘知他比丘有麁惡罪向未受大戒人說除
僧羯磨波逸提
若比丘向未受大戒人說過人法言我見是我知是
實者波逸提
若比丘與女人說法過五六語除有知男子波逸提
若比丘自手掘地若教人掘者波逸提 十
若比丘壞鬼神村者波逸提
若比丘妄作異語惱他者波逸提
若比丘嫌罵知事者波逸提
若比丘取僧繩床木床若臥具坐褥露地敷若教
人敷捨去不自舉不教人舉者波逸提
若比丘於僧房中敷僧臥具若自敷若教人敷若
坐若臥去時不自舉不教人舉者波逸提
若比丘知先比丘住處後來強於中間敷僧臥具上宿
念言彼若嫌迮者自當避我去作如是因緣非餘

利尼僧祇逸提
若比丘瞋他比丘不喜僧房中若自牽出教人牽
出者波逸提
若比丘若僧房若重閣上脫腳繩床若木床若
坐若臥波逸提
若比丘知水有虫若澆泥若澆草若教人澆者波
逸提
若比丘作大房舍戶扉窓牖及餘莊飾具指授覆
苫齊二三節若過者波逸提
若比丘僧不差教誡比丘尼者波逸提
若比丘為僧差教授比丘尼乃至日暮者波逸提
若比丘語諸比丘作如是語比丘為飲食故教授比
丘尼者波逸提
若比丘與非親里比丘尼衣除貿易波逸提
若比丘與非親里比丘尼作衣者

若比丘與非親里比丘尼衣除貿易波逸提
若比丘與非親里比丘尼作衣者波逸提
若比丘與比丘尼在屏處坐者波逸提
若比丘與比丘尼共期同一道行乃至一村間除異時波
逸提異時者與估客行若疑畏怖時是謂異時
若比丘與比丘尼共期同乘一船若上水下水除直渡
者波逸提
若比丘知比丘尼讚嘆教化因緣得食食除檀越
先請者波逸提
若比丘與婦女共期同一道行乃至一村間波逸提 卅
若比丘施一食處无病比丘應受一食若過受者波逸提
若比丘展轉食除餘時波逸提餘時者病時施衣
時是謂餘時
若比丘別衆食除餘時波逸提餘時者病時作衣
時施衣時道行時乘船時大衆集時沙門施食

時此是時

若比丘至白衣家請比丘與餅麨飯若比丘欲須者當取二三鉢還至僧伽藍中應分與餘比丘食若比丘無病過兩三鉢受持還僧伽藍中不分與餘比丘食者波逸提

若比丘足食竟或時受請不作餘食法而食者波逸提

若比丘知他比丘足食已若受請不作餘食法慇懃請與食長老取是食以是因緣非餘欲使他犯者波逸提

若比丘非時受食食者波逸提

若比丘殘宿食而食者波逸提

若比丘不受食若藥著口中除水及楊枝波逸提

若比丘得好美飲食乳酪魚及肉若比丘如此美飲食無病自為己索者波逸提 四十

若比丘不受食若藥著口中除水及楊枝波逸提
若比丘得好美飲食乳酪魚及肉若比丘如此美飲
食無病自爲己索者波逸提 四十
若比丘外道男外道女自手與食食者波逸提
若比丘先受請已前食後食行詣餘家不囑授
餘比丘除餘時波逸提餘時者病時作衣時施
衣時是謂餘時
若比丘在食家中有寶彊安坐者波逸提
若比丘食家中有寶在屏處坐者波逸提
若比丘獨與女人露地坐者波逸提
若比丘語餘比丘如是語大德共至聚落當與汝
食彼比丘竟不教與是比丘食語言汝去我與汝
一處若坐若語不樂我獨坐獨語樂以此因緣
非餘方便遣去者波逸提
若比丘請比丘四月與藥無病比丘應受若過受

除常請更請分請盡形壽請波逸提
若比丘往觀軍陣除時因緣波逸提
若比丘有因緣聽至軍中二宿三宿過者波逸提
若比丘二宿三宿軍中住或時觀軍陣鬪戰若觀遊
軍象馬力勢者波逸提 五十
若比丘飲酒者波逸提
若比丘水中嬉戲者波逸提
若比丘以指相擊攊者波逸提
若比丘不受諫者波逸提
若比丘恐怖他比丘者波逸提
若比丘半月洗浴無病比丘應受不得過除餘時波
逸提餘時者熱時病時風時雨時道行時此是時
若比丘無病自為炙身故露地然火若教人然火
除火除時因緣波逸提
若比丘藏他比丘衣鉢坐具針筒若自藏教人藏

若比丘無病自為炙身故露地然火若教人然火
除火除時因緣波逸提
若比丘藏他比丘衣鉢坐具針筒若自藏教人藏
下至戲笑者波逸提
若比丘與比丘比丘尼式叉摩那沙弥尼衣後不語主
還取著者波逸提
若比丘得新衣應三種壞色一一色中隨意壞若青
若黑若木蘭若比丘不以三種壞色若青若黑若
木蘭著餘新衣者波逸提 六十
若比丘故斷畜生命者波逸提
若比丘知水有虫飲用者波逸提
若比丘故惱他比丘令須臾間不樂者波逸提
若比丘知他比丘犯麁惡罪覆藏者波逸提
若比丘年滿廿應受大戒若比丘知年不滿廿與受
大戒此人不得戒彼比丘可呵癡故波逸提

若比丘知諍事起如法懺悔已後更發起者波逸提

若比丘知是賊伴結要共同一道行乃至一村間者波逸提

若比丘作如是語我知佛所說法行婬欲非障道法彼比丘諫此比丘言大德莫作是語莫謗世尊謗世尊者不善世尊不作是語世尊無數方便說犯婬欲者是障道法彼比丘諫此比丘時堅持不捨彼比丘乃至三諫捨此事故若三諫捨者善不捨者波逸提

若比丘知如是語人未作法如是邪見而不捨供給所須共同羯磨止宿言語者波逸提

若比丘知沙彌作如是語我從佛聞法若行婬欲非鄣道法彼比丘諫此沙彌如是言汝莫誹謗世尊謗世尊者不善世尊不作是語沙彌世尊無數方便說婬欲是障道法彼比丘諫此沙彌時堅持不

[illegible]
方便説婬欲是障道法彼比丘諫此沙弥時堅持不
捨彼比丘應乃至再三呵諫令捨此事故乃至三諫
而捨者善不捨者彼比丘應語彼沙弥言汝自今已
去不得言佛是我世尊不得隨逐餘比丘如諸沙弥
得与比丘二三宿汝今無是事汝出去滅去不應住
若比丘知如是衆中被擯沙弥而誘將畜養共至
宿者波逸提 七十
若比丘餘比丘如法諫時作如是語我今不學此戒
當難問餘智慧持律比丘者波逸提若為知為
學故應難問
若比丘説戒時作如是語大德何用説此雜碎戒
為説戒時令人惱愧懷疑輕呵戒故波逸提
若比丘説戒時作如是説我今始知此法戒經所載
半月半説戒中來餘比丘知是比丘若二若三説戒

中坐何況多彼比丘無知無解若犯罪應如法治更
重增無知罪語言長老汝無利不善得汝說戒時不
用心念不一心兩耳聽法彼無知故波逸提
若比丘共同羯磨已後作如是語諸比丘隨親厚以
衆僧物與者波逸提
若比丘衆僧斷事未竟不與欲而去者波逸提
若比丘與欲已後悔者波逸提
若比丘共比丘鬪諍已聽此語向彼說者波逸提
若比丘瞋恚故不喜打比丘者波逸提
若比丘瞋恚不喜以手搏比丘者波逸提
若比丘瞋恚故以無根僧伽婆尸沙謗者波逸提 八十
若比丘刹利水澆頭王種王未出未藏寶而入若
過宮門閾者波逸提
若比丘寶及寶莊飾具若自捉教人捉除僧伽藍
中及寄宿處波逸提

若比丘若寶若以寶莊飾具若自捉若教人捉除僧伽藍
中及寄宿處波逸提
若比丘在僧伽藍中若寄宿處若捉寶若以寶莊
飾具若自捉教人捉當作是意若有主識者當
取作如是因緣非餘
若比丘非時入聚落不囑餘比丘者波逸提
若比丘作繩床木床足應高如來八指除入梐孔
上截竟若過者波逸提
若比丘作兜羅綿貯繩床木床大小褥成者波逸提
若比丘作骨牙角鍼筒刳刮成者波逸提
若比丘作尼師檀當應量作是中量者長佛二搩
手廣一搩手半更增廣長各半搩手若過截竟
波逸提
若比丘作覆瘡衣當應量作是中量者長佛四
搩手廣二搩手裁竟過者波逸提

若比丘作雨浴衣當應量作是中量者長佛六搩

手應二搩手半截竟過者波逸提

若比丘與如來等量作衣或過量作者波逸提

是中如來衣量長佛十搩手廣六搩手是謂如來

衣量

諸大德我已說九十波逸提法今問諸大德是中清淨

不 三說

諸大德是中清淨嘿然故是事如是持 九十

諸大德是四波羅提提舍尼法半月半月說戒經中來

若比丘入村中從非親里比丘尼若無病自手受食

食者是比丘應向餘比丘悔過言大德我犯可呵

法所不應為我今向大德悔過是法名悔過法

若比丘至白衣家內食是中有比丘尼指示與某甲

羹與某甲飯是比丘應語彼比丘尼如是言大姊

九十

若比丘至白衣家内食是中有比丘尼指示與某甲
羹與某甲飯是比丘應語彼比丘尼如是言大姊
且止須比丘食竟若無一比丘語彼比丘尼如是言
大姊且止須比丘食竟是比丘應向餘比丘悔過言
大德我犯可呵法所不應爲我今向大德是法名悔過
法
若比丘先作學家羯磨若比丘於如是學家先
不受請无病自手受食食者是比丘應向餘比
丘悔過言大德我犯可呵法所不應爲我今向大
德悔過是法名悔過法
若比丘在阿蘭若迥遠有疑恐怖處若比丘在
如是阿蘭若處住先不語檀越若僧伽藍外
不受食在僧伽藍内無病自手受食食者應
向餘比丘悔過言大德我犯可呵法所不應爲
我今向大德悔過是法名悔過法

諸大德我已說四波羅提提舍尼法今問諸大

是中清淨不 三說

諸大德是中清淨嘿然故是事如是持

諸大德是衆學戒法半月半月說戒經中來

當齊整著涅槃僧應當學

當齊整著三衣應當學

不得反抄衣行入白衣舍應當學

不得反抄衣行入白舍坐應當學

不得衣纏頸入白衣舍應當學

不得衣纏頸入白衣舍坐應當學

不得覆頭入白衣舍應當學

不得覆頭入白衣舍坐應當學

不得跳行入白衣舍應當學

不得跳行入白衣舍坐應當學

不得跳行入白衣舍 應當學
不得跳行入白衣舍入坐 應當學
不得白衣舍內蹲坐 應當學
不得叉腰行入白衣舍 應當學
不得叉腰入白衣舍坐 應當學
不得搖身行入白衣舍 應當學
不得搖身行入白衣舍坐 應當學
不得掉臂行入白衣舍 應當學
不得掉臂行入白衣舍坐應當學
好覆身入白衣舍 應當學
好覆身入白衣舍坐 應當學
不得左右顧視行入白衣舍 當應學二十
不得左右顧視行入白衣舍坐應當學
靜嘿入白衣舍 應當學
靜嘿入白衣舍坐 應當學
不得戲笑行入白衣舍 應當學

不得戲笑行入白衣舍應當學
用意受食應當學　平鉢受飯應當學
平鉢受羹應當學　等
以次食應當學　羹飯俱食應當學　卅
以次食應當學　不得挑鉢中而食應當學
若比丘無得
無病不得為自己索羹飯應當學
不得以飯覆羹上更望得應當學
不得視比坐鉢中起嫌心應當學
當繫鉢想食應當學　不得大摶飯食應當學
不得大張口待飯食應當學　不得含食語應當學
不得摶飯擲著口中食應當學　卌
不得遺落飯食應當學　不得嚼飯作聲食應當學
不得頰飯食應當學　不得噏飯食作聲應當學
不得舌舐食應當學　不得振手食應當學
不得手把散飯食應當學　不得污手捉食器應當學

不得舌舐食應當學 不得振手食應當學
不得手把散飯食應當學 不得汙手捉食器應當學
不得洗鉢水棄白衣舍應當學
不得生草上大小便涕唾除病應當學 五十
不得淨水中大小便涕唾除病應當學
不得立大小便除病應當學
不得爲反抄衣人說法除病應當學
不爲得衣纏頸人說法除病應當學
不得爲衣纏頸人說法除病應當學
不得爲覆頭人說法除病應當學
不得爲扠腰人說法除病應當學
不得爲著草屣人說法除病應當學
不得爲著木屐人說法除病應當學
不得爲騎乘人說法除病應當學
不得佛塔內宿除病守護應當學
不得佛塔中藏財物除爲堅牢故應當學

不得著革屣入佛塔中應當學
不得手提革屣入佛塔中應當學
不得著革屣遶佛塔行應當學
不得著富羅入佛塔應當學
不得手提富羅入佛塔應當學
不得佛塔下食留草及食汙地捨去應當學
不得擔死屍塔下過應當學
不得塔下埋死屍應當學 七十
不得塔下燒死屍應當學
不得塔前燒死屍應當學
不得遶佛塔四邊燒死屍使臭氣來入應當學
不得持死人衣塔下過除為浣染香熏應當學
不得佛塔下大小便應當學 不得向塔大小便應當學
不得遶佛塔四邊大小便臭氣來入應當學
不得持佛像至大小便處應當學
不得塔下嚼楊枝應當學

不得持佛像至大小行處應當學
不得塔下嚼楊枝應當學
不得向塔嚼楊枝應當學八十
不得佛遶塔四邊楊枝應當學
不得塔下涕唾應當學 不得向塔涕唾應當學
不得遶塔四邊涕唾應當學 不得向佛塔舒脚坐應當學
不得安佛在下房已在上房住應當學
人坐已立不得為說法除病應當學
人臥已坐不得為說法除病應當學
人在坐已在非坐不得為說法除病當應學
人在高坐已在下坐不得為說法除病應當學九十
人在前已在後不得為說法除病應當學
人在高經行處已在下經處不得為說說法除病應當學
人在道已在非道不得為說法除病應當學
不得攜手在道行應當學
不得上樹過人頭除時因緣應當學

不得絡囊盛鉢貫杖頭置肩上行應當學
人持杖不得為說法除病應當學
人持劍不得為說法除病應當學
人持傘不得為說法除病應當學
人持刀不得為說法除病應當學
人持蓋不得為說法除病應當學
諸大德我已說衆學戒法今問諸大德是中清
淨不 三說 諸大得是中清淨嘿然故是事如是持
諸大德是七滅諍法半月半月戒經中說
若比丘有諍事起即應除滅 應與現前毗尼
當与現前毗尼 應与憶念毗尼 當与憶念毗尼
應与不癡毗尼 當与不癡毗尼 應与自言治
當与自言治 應与覓罪相 當与覓罪相
應与多人語 當与多人語 應与如草布地
當与如草布地

當与自言治

應与多人語．　當与多人語　應与如草布地

當与如草布地

諸大德我已說七滅諍法今問諸大德是中清淨不三說

諸大德是中清淨　嘿然故是事如是持

諸大德我已說戒經序已說四波羅夷法已說十三僧

伽婆尸沙法已說二不定法已說三十尼薩耆波逸提

法已說九十波逸提法已說四波羅提提舍尼法已說

眾學戒法已說七滅諍法此是佛所說戒經半月半月戒

經中說若更有餘佛法是中皆共和合　應當學

忍辱第一道　佛說无為最　出家惱他人　不名為沙門

此是毗婆尸如來无所著等正覺說是戒經

譬如明眼人　能避嶮惡道　世有聰明人　能避嶮惡道

此是尸棄如來无所著等正覺說是戒經

不謗亦不嫉　當奉行於戒　飲食知止足　常樂在空閑

[illegible]精進　是名諸佛教　此是毗葉羅如來无所著等正覺說是戒經

譬如蜂採花　不壞色與香　但取其味去　比丘入聚然
不違戾他事　不觀作不作　但自觀身行　若正若不正
此是拘留孫如來无所著等正覺說戒經
心莫作放逸　聖法當勤學　如是无憂愁　心定入涅槃
此是拘那含牟尼如來无所著等正覺說是戒經
一切惡莫作　當奉行諸善　自淨其志意　是則諸佛教
此是迦葉如來无所著等正覺說是戒經
善護於口言　自淨其志意　身莫作諸惡　此三業道淨
能得如是行　是大仙人道
此是釋迦牟尼如來无所著等正覺於十二年中為无
事僧說戒經從是已後廣分別說諸比丘自為樂法
樂沙門者　有愧有慚　樂學者　當於中學
明人能護戒　能得三種樂　名譽及利養　死得生天上
當觀如是處　有智勤護戒　戒淨有智慧　便得第一道
如過去諸佛　及以未來者　現在諸世尊　能勝一切憂

當觀如是處　有智勤護戒　戒淨有智慧　便得第一道
如過去諸佛　及以未來者　現在諸世尊　能勝一切憂
皆共尊敬戒　此是諸佛法　若有自爲身　欲求於佛道
當尊重正法　此是諸佛教　七佛爲世尊　滅除諸結使
說是七戒經　諸縛得解脫　已入於涅槃　諸戲永滅盡
尊行大仙說　聖賢稱譽戒　弟子之所行　入寂滅涅槃
世尊涅槃時　興起於大悲　集諸比丘衆　与如是教戒
莫謂我涅槃　淨行者无護　我今說戒經　亦善說毗尼
我雖般涅　當視如世尊　此經久住世　佛法得熾盛
以是熾盛故　得入於於涅槃　若不持此戒　如所應布薩
喻如日沒時　世界皆闇冥　當護持是戒　如猫牛愛尾
和合一處坐　如佛之所說　我已說戒經　衆僧布薩竟
我今說戒經　所說諸功德　施一切衆生　皆共成佛道

四分戒本

BD00062　四分律比丘戒本

慈悲普化遍滿閻浮大覺威雄愛群生於六道
故所維摩現疾託在毗耶諸賢問疾之徒往
於方丈之室菩薩現病應品類之根機馬麦金
將表衆中生之本業然今意者病患之色唯
為四大假合厄六疾纏身百節酸疼六情恍惚難復
人間藥餌世上醫王諸佛如來各種乃除治求
蒙諸指授問三保之力是出世法王諸佛如來香
生之慈父所以危中告佛厄乃求僧仰託三尊
請求衆諸唯聊恒用加他之妙藥資益道之
流病自在神通拔天人之重病故知請佛聖
力不可思議所有捉成就自家利益無次此功德

用莊嚴患者即躬唯願觀音施月藏甘露守

以清涼大聖垂花扇香風而蕩膺炎開六腑

八苦長消延壽命於千齡保法身於萬劫

BD00062v-1　患文（擬）

社文　夫開運登昏衢津萬物者佛也破業障生惠
牙磬巨海剷邪山者法也寔福田堅量良因常舟檝
者僧也始知三寶福田其大矣哉凡有歸依皆蒙利益
然今此會焚香所陳意者時有官録已下諸公等惟三長
邑義之家會也惟諸公等並是宗枝豪族里姓孔懷
莂是良朋釋諸賢友緩資勝勝業廣竪弥勒持珠
衆而施衆僧奉令鈿而感賢聖悟火宅兮暑共結良
緣知生滅以非真遂資勝福資家國傍及三塗有識
有心俱臻此社於是掃灑衢陌懸列繒幡嚴飾閭
閻敷張寶座諸佛延名僧陳百味兮珍焚香薦二六殊之恭
藹聽斯福善先用莊嚴官録已下諸公等惟願无

邊罪障即日消除无量善因此時云集法界自宿患

命遐長灾害不入於門違諸例勿很於巷陌家〻快樂

室〻歡娛龕主助遂咸蒙吉慶然後干戈永息

風雨順時法界蒼生同霑此安福

BD00062v-3 雜寫

圖書在版編目（CIP）數據

中國國家圖書館藏敦煌文獻．第四册／中國國家圖書館編．—北京：國家圖書館出版社，2023.12

ISBN 978-7-5013-7879-1

Ⅰ．①中… Ⅱ．①中… Ⅲ．①敦煌學—文獻 Ⅳ．①K870.6

中國國家版本館CIP數據核字（2023）第211223號

書　　名　中國國家圖書館藏敦煌文獻·第四册
著　　者　中國國家圖書館　編
項目統籌　魏　崇　殷夢霞
責任編輯　潘　竹　程魯潔　黄　鑫　苗文葉
責任校對　劉宇石　王　衡

出版發行　國家圖書館出版社（北京市西城區文津街7號　100034）
（原書目文獻出版社　北京圖書館出版社）
010-66114536　63802249　nlcpress@nlc.cn（郵購）
網　　址　http://www.nlcpress.com
排版印裝　天津裕同印刷有限公司
版次印次　2023年12月第1版　2023年12月第1次印刷

開　　本　787×1092　1/8
印　　張　44.5
書　　號　ISBN 978-7-5013-7879-1
定　　價　2800.00圓